인물로 본
한국무용사

이영란 지음

머리말

우리 춤의 뿌리는 제사의식에 관하여 추어오던 고대부족국가 시대를 지나 삼국시대를 이르면 이미 남에게 보이기 위한 춤으로 발전된다.

이것은 고구려의 지서무, 호선무, 신라의 처용무, 가야지무, 상염무, 백제의 기악 등에서 볼 수 있다.

그 후 고구려와 조선의 긴 역사 속에서 우리 춤은 궁중의 제향(祭享),연향(宴享)에서 민간의 마당놀이에서 그 전통이 이어져 왔다. 19C말부터 춤은 굿판, 종래의 마당을 떠나 무대 일정한 창조적 아이디어와 연출을 통하여 형식화되고 무대화되기 시작 하였다. 따라서 한국춤의 공연예술로서의 시조는 한성준을 들지 않을 수 없다.

그는 많은 민속무용을 창작 무대화 했으며 현재 민속무용의 대중을 이루는 승무,

태평무, 살풀이 등은 명무 한성준으로부터 창작화 되어진 것으로서 한성준을 최 근대사로 삼아야 할 것이다. 이 책은 한국무용의 명인들과 그 주역들을 통하여 무용의 역사를 조명하고자한다.

따라서 이 책은 근대무용에서부터 현대무용까지의 명인들과 한국무용의 주역들의 생애, 무용작품, 활동 등을 통하여 한국무용사를 쉽게 이해하고 지식을 습득하는데 있으며 학생들에게 보다 흥미롭게 공부 하는데 도움이 되고자 한다.

한성준을 비롯한 신무용 객척자 조태원, 최승희를 뒤이어 현대에 이르는 무용의 주역들의 예술혼 창의력 그리고 그들의 무용에 대한 애정과 헌신적인 노력을 통하여 우리의 무용사를 올바로 이해하고 미래의 춤을 위해 노력하길 기대한다.

이 책을 위해 직접 인터뷰를 해주신 선생님들께 진심으로 감사드리며 여러 가지 부족한 부분들 양해를 구하며 우리의 뿌리를 알리는데 그 역점을 두었다. 훌륭하신 무용인들이 알려져 후배들의 가슴에 남아 우리의 무용을 발전시키고 개발하는데 밑거름이 되길 기대한다. 이 책을 위해 도움주신 모든 분들께 진심으로 감사드립니다.

2005년 2월

이 영 란

인물로 본
한국무용사

CONTENTS

| 차례

머리말 _ 3

한성준(韓成俊)
1874~1941

한성준(韓成俊. 1874~1941)

한성준은 1874년 충남 홍성군 홍주골(갈미)의 가난한 농가의 6남매 중 막내로 태어났다. 7세 때부터 그당시 민속무용과 줄타기로 유명했던 외조부인 백운채로부터 춤추는 것과 북치는 것을 배웠으나 가난하여 글공부는 하지 못했다. 그러나 그는 곧잘 남들앞에서 춤을추어 보이기도 하였고 춤에대한 재능은 탁월하여 일찍부터 인정받았다. 14세 때부터 3년간 홍성의 서학조에게 줄타기와 땅재주를 배웠고, 이어 덕산골 수덕산의 박순조 문하에서 20세가 넘도록 춤과 장단소리를 배워, 그 맛을 깨닫기 시작했다.

한성준이 유랑생활을 끝내고 서울에 정착하게 된 것은 협률사(1902~1906)무대와 그 뒤를 이어 이인직이 1908년에 개관시킨 원각사 무대에 출연하게 되면서였다. 그 당시의 레퍼토리는 먼저 승무로서 막을 열고 다

한성준 춤비 2001년 4월 월간 「춤」 지의 주관으로 모금, 태평무전수관 앞에 세웠다.

음 순차로 꼬마들의 앙증맞은 노래가 있고, 끝으로 성주풀이 등을 불렀다. 또 다른 식의 레퍼토리는 ① 관기들의 춤 ② 막간에 농악무로써 상모 돌리는 춤, 또는 줄타기와 땅재주 ③ 창극 등으로 구성되었는데, 관기들의 춤 등이 있었다.

한성준은 원각사와 그 후 이어 연흥사 등에 정기적으로 출연하면서 승무, 한량무 등을 추고 명창들의 기수로서도 활약하게 되었다. 이 기간동안 그는 관기들의 궁중무용을 접하게 되는데, 이것이 후에 태평무, 학무를 만드는데 깊은 영향을 주게 된다.

한성준이 원각사와 연흥사에서 활약하던 시절 고정적 월급을 받고 유랑생활을 한 그의 과거에 견준다면 상당한 생활안정을 얻은샘이어서 42세에는 시골 홍주골에 전답과 집을 마련할정도였다고 한다. 그러나 무용가로서 보다는 기수로서 알려져 있었는데, 그

부민관 공연후의 한성준

가 본격적으로 무용가의 생활을 하게 된 것은 1930년 조선음악무용연구회를 조직하고 난 다음부터이다.

이때부터 한성준은 비로서 자기가 아는 민속무용의 실력을 터전으로 춤사위를 간추려 가르치게 되었고, 민속무용의 기본을 정리하게 되었다. 당시에 조택원과 최승희도 한성준에게 민속춤을 배웠는데, 반년이고 일년이고 배운게 아니라, 열흘이나 보름정도씩 필요한 때 필요한 춤만을 배워서 그들이 일본에서 배운 무용수법으로 재 안무, 상영하여 크게 환영받았다. 따라서 한성준의 이름도 한국무용의 대표 격으로 알려지게 되어 일본 동경을 비롯한 전 지역에서 광범위하게 제자들과 함께 자신의 신작까지 공연하였다. 한편 국내에서도 부민관 공연(1935)등을 비롯하여 전국 순회공연을 했다. 작품으로는 승무, 태평무, 학무, 한량무, 신선무, 살풀이, 검무, 오방신장무, 사공무 등이었다. 그의 문하생으로써는 김천흥, 이광선, 장홍신, 한영숙, 강선영, 이매방, 전인방, 진수방, 김삼화 등이 있다. 이 밖에 잠시라도 거의 문하를 거친 사람은 20명이나 된다.

1940년(67세)에 그는 새로운춤을 재구성 안무하여 시민회관 별관에서 제2회 공연을 가졌다. 1940년 4월 제자들과 함께 일본동경 히비야공회장에서 첫 해외공연을 가졌다. 3일간의 일본공연은 대성공이었고 공연을 지켜본 일본인들은 자신들의 무용보다 우월한 조선무용에 모두들 감탄하였다. 그의 명성은 해를 거듭할수록 각지에 알려져 월간잡지에서 찬양을 곁들어 소개하였다. 그 당시의 무용현실로써는 매우 이례적인 일이었다.

한성준의 춤은 주로 남도 춤이다. 그의 음악수업이 남도창인 판소리의 기수로 시작한 것과도 인연이 깊다고 할 수 있다. 따라서 그는 판소리 장단 이외에도 남도 무악 장단을 춤에 도입했는데, 진쇠장단, 쇠장단, 고산염불장단, 꺽음살풀이, 동봉채, 살풀이, 굿거리, 타령등이다. 그 중 몇 가지는 여간 기수로는 이름조차도 몰랐다고 한다. 그는 그때까지

한성준의 「장지무」

「학춤」

굿판, 마당놀이, 기방 등에서 추어지던 춤들을 무대용으로 예술화시키면서 새로운 플루트를 주어 창작하거나 개작했다. 그의 주요 레퍼토리는 승무, 학무, 신선무, 살풀이춤, 한량무, 검무, 바라춤, 소고무, 농악무, 태평무 등이었다. 그중 승무, 학무, 검무, 한량무, 진쇠춤(태평무), 살풀이 춤 등은 대표작이라 할 수 있다. 학무는 원래 궁중정재이지만 한성준은 그 작사만 빌려오고 실제로는 학의 생태와 동작을 알기 위해 동물원에 몇 달을 다니며 학의 발걸음을 관찰하여 새로이 구성 안무하였다. 태평무는 그가 보아온 관기들의 정재 춤에서 힌트를 얻은 작품으로, 두 어깨에 일월을 바치고 색색으로 만든 색동다리 소매가 있는 활옷을 입고 추었다. 이것을 옛날 왕의 춤이고 하지만 그의 창작임에 틀림없다. 한영숙에 의하면 그가 작고할 때 가장 좋아하던 태평무 의상으로 자신의 수의를 삼아달라고 유언했다고 한다. 그는 저 세상서나마 왕으로 살고 싶어 했는지 모를 일이다.

최승희(崔承喜)
1911~1969

2. 최승희(崔承喜; 1911-1969)

서울의 부유한 집안의 4남매 중 막내딸이었는데 일찍 개화한 집안의 영향에 의하여 그 당시 여자로서 받기 어려운 소학교와 숙명여학교를 졸업하였다. 집안 사정이 안 좋을 때도 그녀는 학교의 도움과 장학금으로 계속 학교를 다닐 수 있게 되었다.

이처럼 어려운 상황 속에서 그녀의 큰 오빠인 '최승일'이 그녀의 미래를 열어 주고자 했다. 최승일은 동경 유학과 신극 운동을 했으며 신무용에 굉장한 관심을 가지고 있었다. 그는 1926년 3월 20일날 있는 이시이 바꾸의 무용발표회를 한다는 것을 알고 최승희와 공연을 보게 되었다.

이때 최승희는 이시이 바꾸의 공연을 보고 무용을 하기로 마음먹었다고 한다. 그녀는 그때의 감정을 이렇게 표현하였다.

'... 그땐 무용의 매력에 대해 이해하려는 아무런 노력을 하지 않았던 나였지만 정말이지 이제껏 까맣게 모르고 있던 빛나는 예술의 세계를 발견한 기분이었다. 마치 물이 흐르듯이 그려지는 아름다운 육체의 선, 그 율동 속에 꿈결 같은 울리는 음악소리, (중략) 무용 밑바닥에서 흐르는 강력한 메시지가 나의 가슴 속 깊은 곳에 숨어 있던 혼을 불어 일으키는 듯한 착각에 빠졌다. 나는 거기서 무한한 공감을 느꼈고 그러한 무용예술로 나의 마음을 표현해 보고 싶다는 강한 충동에 빠졌다. 이것이야말로 내가 무용가가 되려고 굳게 마음먹은 이유 중 가장 중요한 것이다.'

이시이 바꾸는 공연뿐만 아니라 조선여자 무용연구생을 구한다는 기사를 보고 최승희는 이때 이시이의 제자가 된 것이다.

최승희의 무용활동

그녀의 무용 수업은 동경의 이시이 바꾸 무용연구소에서 시작되었다. 식비조차 없었던 그녀는 3년의 정해진 무용수업 시간 동안이 생애에서 가장 기뻤다고 한다. 이시기에 그녀는 무용의 기본연습과 밥 짓는 법, 반찬 만드는 법, 빨래하는 것 등의 가사일과 피아

최승희 「장구춤」

최승희 「승무」

노 치는 것, 의상 만드는 것 등의 무용에 필요한 기술을 배웠다.

후에 이시이 바꾸의 문화생으로 촉망받기 시작하고 1926년 일본 방악좌 무대에서 '금붕어'란 작품으로 첫 솔로 데뷔를 하게 된다.

1927년의 이시아의 제 2회와 1928년의 제 3회의 서울 공연을 통해 최승희는 국내와 일본의 가장 주목 받는 신인 무용가가 되었다. 그리고 이시이의 창작세계에 대해 불만을 가질 무렵, 1929년에 일어난 이시이 바꾸와 고로우의 파업사건으로 개입하고, 그 해 조국으로 돌아오게 된다.

경성으로 돌아와서 자신만의 제 1회 발표회를 가지게 되었다. 그리고 '최승희 무용연구소'를 차렸다. 그녀는 1년에 2번씩 신작 발표회를 가지었으나 거의가 홍행에 실패했다.

이런 상황 속에서 그녀는 후에 그녀의 예술 활동의 큰 영향을 주는 남편 안필승을 큰오빠 최승일의 주선으로 결혼하게 된다. 그 후 3년 동안 7회의 공연을 열지만 모두 실패하고 만다. 이로 인하여 최승희는 이시이의 문화에 재 입문하게 된다.

동경에서 차츰 인정을 받게 된 그녀는 1934년에 가진 신작 발표회를 가진다. 스승 이시이의 도움으로 고국과는 달리 획기적인 성공을 하게 된다. 이 공연 후에 그녀는 다시 이시이에게 독립하는데, '반도의 무희'라는 영화를 촬영 후 일본의 문인들에게 많은 지지를 받았기 때문이다. 그 후 1935년과 1936년에 열린 신작발표회 역시 성공적으로 치루어졌다.

1937년 미국의 퍼킨사의 1년의 순회공연을 하지만 실패하게 된다. 그리고 유럽에 진출하여 크게 성공하게 되었다. 두 번째 미국행은 이로 인하여 성공을 거두어 남미대륙까지 공연하게 되었다.

1940년에는 일본을 중심으로 활동하다가 1944년에 동경의 마지막 공연을 하였다. 1945년 해방과 함께 그녀는 남편과 함께 월북하게 된다.

월북 후의 그녀의 활동에 대해서는 많이 알려지지 않았다.

1947년에 신의주에서 월북 후 첫 공연을 가졌으며 1948년에는 남북 지도자 연석에서 이십여 단체장들 앞에 공연하였다. 그 후 전쟁의 혼란 속에서도 꾸준한 활동을 하였으며 1951년에 소련, 모스코바, 동베를렌, 바르사바 등지에 순회 공연을 하였다. 1952년에는 중국 경극과 무용의 정리를 하기 시작하였다. 1957년 그 동안의 공적을 인정받아서 국가 훈장 제 일급을 받았다. 그 후에도 최승희는 수많은 논문과 책을 내었으며, 1958년 이후로는 거의 최승희의 딸 성희가 안무를 맡았음을 알 수 있다. 그리고 그해 남편 안막이 반당 종파부자의 혐의를 체포, 숙청되었다. 1961년부터 최승희는 실권 없는 요직을 맡게 되고, 1967년 한국의 북한 문제 연구소에서 최승희가 숙청되었다는 말이 나왔다.

최승희의 예술세계

최승희의 무용세계에 큰 영향을 준 사람으로는 그녀에게 무용입문의 기회를 주었던 큰 오빠 최승일과 남편 안막, 무용을 가르친 이시이와 한성준을 들 수 있다.

첫째 최승희는 우리 민족에게 새로운 문화에 대한 눈을 뜨게해주었다. 그녀는 나라가 없는 시대에 기생들이 추어온 춤을 보고 낡은 부분을 새롭게 만들고 약한 부분을 생명을 불어넣는등 힘없이 사라져가는 우리춤을 새롭게 창조함으로써 근대무용을 자리잡게 하였고 나아가서 오늘의 한국무용을 생성시키는데 큰 공헌을 했다 할수있다. 특히, 이시이의 예술관은 최승희에게 커다란 영향을 끼치는데, 전통발레를 만족하지 않던 19세기말과 20세기 초의 새로운 춤, 자유로운 춤을 추구하는 유럽의 영향을 받았으며 이것의 사상을 바탕으로 근대인의 절망과 고독을 표현하려 했다. 그리고 일본의 춤을 부정하기 위해 자신의 무용은 '무용시'라 표현하였다. 이런 사상은 최승희의 서양창작 춤에 이시이의 현실 비판과 고발의식 그대로 반영되었다. 또 그녀가 택한 춤의 주제가 인간의 심리상태가 나타나는 애수, 사랑, 죽음, 슬픔, 기쁨이어서 이시이의 작품 경향과 일치한다고 본다.

최승희가 세계적으로 알려진 것은 자신의 현대 춤이 아니라 조선의 무용을 개작하여 공연하였기 때문이다. 이는 곧 귀국 후 한성준에게 배운 조선무용이 큰 역할을 했다고 볼 수 있다.

그러나 처음 조선무용의 공연을 꺼렸다고 한다. 이시이의 설득에 의하여 그녀는 한성준에게 속성으로 2개월 조선무용을 연습을 하게 되고 이 2개를 적당히 정리하여 '에헤야 노아라'을 공연하였다고 한다. 이외 큰 갈채를 받게 되었고 이로 인해 최승희는 조선무용을 소재로 많은 창작을 하게 되었다. 이 때문에 세계의 무용계의 발자취를 남길 계기가 되었던 것이다.

최승희의 조선 춤 수업은 그리 심도가 있었던 것은 아니었던 것을 한성준과 이동백의 대담을 통해 알 수 있다.

'최승희는 서울에서도 배웠거니와 동경까지 가서 밤낮으로 열 나흘 동안 가르쳤고, (중략) 조선 춤이라는 건 전부 나한테 해득했지만 도무지 그런 기색은 안 보이려고 애를 쓰는가 봐'

최승희의 예술세계는 식민지 상황에서의 민족적 현실인식과 민족애를 보여 주는 것에 대해 애를 썼다. 또 그녀는 발레-현대무용-동양무용-을 양식적으로 결합시켜 우리의 신무용에 관하여 막대한 영향을 끼쳤다. 하지만 그녀는 우리의 춤을 정확히 배우지 않았기 때문에 형식적이고 소재적인 부분에 대한 것만을 창작하였기에 그 한계성을 나타내었다. 그녀 자신 역시 자신의 한계성을 알고 있으나 외형적인 공연에 취중한 나머지 깊이 있는 조선 춤은 연구하지 못했다.

결론적으로 최승희는 이시이에게 배운 서양무용을 기반을 둔 한국 창작 춤이라 할 수 있는데 조선 춤을 현대화를 시킨다고 했지만, 한성준의 언급처럼 조선 춤의 형식적인 이해에 국한되어 형식적 소재적인 한계성을 드러내고 있다고 볼 수 있다.

하지만 최승희는 우리나라의 예술사에 기록할 업적과 공적을 세운 사람이다. 그녀의 업적을 간단히 말하자면, 땅에 붙어서 춘다는 동양 무용에서 벗어나 반나체로 하늘로 날아가는 춤을 추었다. 즉 동양 최초로 육체 복원의 춤을 추었다고 할 정도이다. 또 그녀는 우리 민족무용의 기본 동작을 나름대로 체계화하였고 또 무용극에서 중요시되는 극적 요소의 여러 가지의 표현 동작을 창작하였다. 이 점은 우리나라 무용발전에 큰 업적이 되었다고 할 수 있다. 우리 악기의 개조와 우리 악기를 이용한 오케스트라 편성을 추진함으로서 오늘날의 북한 민족 악기가 나왔고 이러한 전통악기의 개조운동은 한국에서도 일어나고 있다. 그녀는 한국 춤을 한국 미학의 바탕에서 서양미학을 접목시켰다고 볼 수 있다.

오늘날 동양의 예술이 재평가되고 있는데, 최승희는 벌써 오십년 전에 어느 누구도 생

최승희 「야외무용」

각하지 못한 동양 무용의 정립과 세계화를 부르짖었으며 그것을 실천했으니 이는 21세기에 동양무용 시대가 올 터임을 미리 알았으니 한 세기 앞을 내다본 진보적인 예술가임을 입증시켜 주는 것이다.

우리나라 역사에서 공연 예술기로 세계적으로 인정해 주는 이는 오직 최승희 밖에 없다. 이는 아무리 그녀가 한국 춤의 형식적이고 소재적인 한계를 드러냈으나 최승희의 예술은 앞으로 영원히 세계공연 예술의 역사에 기록, 보존 기록될 것이다.

최승희의 춤의 평가

최승희는 춤을 통해 우리민족의 사기를 높여 주었다. 일본의 강점기동안 한국사람뿐 아니라 진보적인 일본사람들에게까지도 한국춤의 아름다움과 우수성을 보여주어 인정을 받았으며 한국인에게 민족적 긍지를 주었고 일본인에게 문화의 열등감을 주었다. 따라서 최승희의 춤은 일본의 침략과 문화말살에 대한 민족적 반격과 항의의 수단이 되었다고 할 수 있다. 그녀는 3년간의 해외공연을 통해 한국춤의 멋과 신비를 만방에 떨치므로써 우리문화의 우수성과 함께 문화외교사절 역할을 했다.

- 활 동 -

저서: 최승희 자서전, 이문당, 1937

　　　조선 민족 무용기본, 북한, 1958

　　　무용극 대본집, 조선예술출판사, 1958

　　　조선아동무용기본, 북한, 1964

공연; 해방을 구하는 사람(단성사)1932

　　　화랑의 춤(뉴욕)1938

　　　가무보살(브라질 부에노스 아이레스)1940

작품; 에헤라 노아라, 검무, 농아무, 로맨스의 전망, 목동과 처녀, 맑은 하늘아래, 반야월성곡, 부채춤, 북춤, 등등

조택원(趙澤元)
1907~1976

3. 조택원(趙澤元, 1907~1976)

신무용의 선구자로서 춤에 대한 사회적 인식을 개선하고 춤 예술의 환경개선을 위해 헌신 하였다. 조택원은 함경도 함흥이 고향이다. 1907년 5월 3대째 외아들로 태어났다. 구 한말 관직에 있던 아버지가 한일합병으로 중국으로 망명한 탓에 그는 군수를 역임한 할아버지 밑에서 유년기를 보냈다. 1919 년 3.1운동으로 할아버지가 해직된 직후 할아버지와 서울로 이주 하였다. 유년기의 풍족한 가정환경은 그를 명랑하며 낙천적인 성격의 인물로 만들었다. 이러한 성격은 후에 그의 작품에서 나타난다.

아버지로부터 받은 불의를 인정할 수 없음과 불퇴전의 용기, 그리고 할아버지의 낙천성등의 그의 생애를 점철했던 무용에 대한 소명의식을 싹트게 했다. 고등학교때 테니스를 하기 시작하여 고려대학교 법학과에 진학 한 뒤 테니스를 계속했다.

그는 음악과 무용에 뛰어난 박시몬을 만나 정식으로 춤을 배우게 된다.

1927년 그는 석정막 (이시이 바꾸) 서울 무용공연을 보고 매료되어 이것이 자신의 길임을 확신한다.

조택원은 주위의 만류에도 뿌리치고 동경에 있는 석정막 문하생으로 생활을 시작 한다.

그는 그곳에서의 모든 문하생들이 하는 허드렛일을 하며 무용을 배워 1년 후 공연에 출연한다. 그 후 8월 귀국하여 그 무렵 책을 통해 마리 위그만, 이사도라 덩컨, 등 천재적인 무용가를 알게 되고 2년 후부터 솔로에 출연 큰 각광을 받았다. 1929 가을 석정막의 서울 공연은 대성황이었다. 이어 1932 석정막의 실명으로 인해 귀국하여 중앙대학교 전신인 중앙보육학교에서 무용을 가르쳤다. 결혼 후 1933년 조택원 무용연구소를 시작 제1회 공연을 시공간에서 가졌다. 작품은 "가사호접" "승무의 인상" 등이었다. 1935년 부민관에서 제2회 공연을 가졌는데 진수 방이 출연 했고 작품은 "만종" "포엠" 이었다. 이 작품들은 그의 주요 작품이 되었으며 세계 공연에서도 호평을 받았다.

1936년 봄에 이르러 오래전부터 구상해오던 유럽여행을 추진, 강행했다. 3개월간 80개 도시를 돌고난 뒤 또 일본 전 지역을 순회공연 하였다.

1년 뒤 파리에 정착했고 그는 그곳에서 공연과 음악, 미술을 통해 예술의 심미안을 갖

조택원 안무 「만종」

미국에서 파트너 엘로이도 올소와 함께 「만종」을 추는 조택원

조택원의 독무 「어떤 움직임의 매혹」

게 된다. 그의 레퍼토리는 "승무의 인상" "검무" "작렬" "포엠' 등 10곡이었다.

그는 파리에서의 예술가로서의 명성을 접고 우리고유의 춤을 탐구 개척 창조 하는 일이라고 확신 하고 고국으로 돌아온다. 36년 가을 일본 동경에서 이시이 바꾸의 제자들 그리고 박외선과 함께 공연 하였다. 1939년 부민관에서 공연을 가졌다. 41년 작 "춘향전"은 상체 위주의 춤으로 구성 되었다. 1942년 서사적 무용시 "부여회상곡"을 서울과 대구에서 발표하였다. 이 작품은 조선총독부의 거액을 들인 의뢰로 일본과 한국 이 동일체임을 상징하는 작품이었다. 1945년 8월 귀국하여 친일 한 것을 자기비판한 후 조선무용예술협의회 위원장에 뽑혔다. 부위원장은 최승희 이었다.

해방직후 조택원은 미. 소 양국에 주목받는 인물이었다. 그는 미소공동위원회의 행사에서 춤을 추었다. 그러나 그는 국제 정세가 안정될 때까지 미국으로 갔다. 해외에서 머무는 동안 한국적 춤을 서양인들에게 소개 하여 우리의 문화를 보급하였다.

60년 4.19 민주 정부가 세워지자 귀국하였고 무용협회 이사장, 69년 한국무용단 창단 동남아 순회공연을 하였다.

66년 한국일보 이사에 뽑혔고 1973년 예술원상을 수상하였으며 1974년 10월 문화의 달에는 문화훈장금장 제1호를 서훈받았다. 1976년 숙환으로 별세, 신무용 50년을 주름 잡아온 유일한 기능자중인 그는 반세기를 마무리 짓고 무용인생을 마감했다. 특히, 그의 춤에서는 남성적 기상이나 역동적 다이내믹보다 섬세한 흐르는 듯한 감정, 아련하며 서정적인 멋이 부각되는데 한국에서 신무용을 형성하는데 한국무용발전에 큰 영향을 주었으며 그는 우리 춤의 선구자요 영원한 명인이다.

김천흥(金千興)
1909–2007

4. 김천흥(金千興;1909-2007)

"한일합병"이 되기 1년 전인 1909년 2월 9일 부친 "김재희"씨와 모친 "정성녀"씨 사이에서 5 남매중 3남으로 태어났다. 9살이 되던 해에 정농보통 고등학교에 입학하고 졸업 후 바로 "균명학당"에 들어가게 되었으며 그곳에서 한문 및 산수, 주산, 부기 등을 배웠다. 이럴 즘 "한일합병"으로 말미암아 "조선왕조"가 몰락하면서 궁중음악과 무용을 맡았던 "장악원"이 "이왕직아악부"오 개칭되어 궁중음악을 관장하게 되었고 여령들은 사회로 나가 기생으로 활동하게 되어 궁중무가 민간에서 연회하게 되었다. 그 후 1918년에 이왕직아악부 아악생을 양생하기위하여 1기생으로 9명을 뽑았다. 그는 드디어 1922년 가을에 이왕직 아악부원 양성소 에 2기생으로 (9명) 입학하게 되었으며 그의 형님인 "김천룡"씨는 같은해 봄에 입학을 하였다. 그 당시 무용은 배우지 않았으나 우연하게도 "순종황제" 50주년탄신 기념공연 종목중 궁중무용을 하라는 당국의 지시에 따라 1, 2 기생 아악생중 15명을 선발하여 낮에는 음악과 일반학과를 공무하면서 밤에는 무용지도를 받게 되었다. 이 때 무용을 지도하시던 선생님으로는 궁중음악과 무용을 전공하시던 음악가 집안 출신의 김영제, 함화진, 이숙영이다. 이때 배운 춤은 처용무, 춘앵전, 무고, 포구락, 장생보연지무, 가인전목단, 향령무, 보상무, 연백복지무, 수연장, 복래의등을 배우게 되었다.

그는 피나는 연습 끝에 드디어 순종황제 50탄신기념연회석인 비원 인정전에서 "장악원"이 없어진뒤 10여년 만에 "무동"의 춤이 공연되었던 것이다.

김천흥은 그곳에서 궁중음악과 무용을 공부하고 1926년 3월 3일 아악생 양성소를 졸업하고 같은해 4월 4일부터 이왕직 아악부 아악소장을 역임하게 되었다.

그뒤 궁중무용을 배운 것을 인연으로 해서 무용에 관심을 갖게 된 그는 1930년경 민속 무용의 대가인 "한성준"씨가 "조선음악무용 연구소"를 개소하게 되어 이때 민속무를 배우게 되었으며 아침 일찍이 산에 올라가 연습하여 지금까지 그 순서대로 춤을 추고 있다.

1938~40년대에 아악부 아악수장직을 사직하고 그즈음 발족한 "조선음악협회"에 들어

무학생활 50주년 기념공연 중에서 준앵전을 추는 김천흥

김천흥 「준앵무」

가게 되어 춤과 무용을 더불어 사무도 보게 되었다. 해방이 되면서 조선음악협회가 대한민국 음악원이라는 이름으로 바뀌었고 그는 무용부장과 이사직을 겸하며 계속 국악원일을 보게 되었다

6월25일 동란시 피난을 하지 못해서 그대로 서울에 남아 구왕궁아악부일을 보는 중에 공산당 청년조직단체에게 구왕궁 아악부 건물을 빼앗겨 방황하다가 지금의 숙명여고 뒤에 있는 "정악연습소"에 옮겨서 연습에만 전념하고 있기로 했다.

1951년에 부산에서 구왕궁아악부가 "국립국악원"으로 개창 되었으며 그해 4월에 국립국악원 예술사 촉탁강사연주원(현재는 국립국악원연구원장)으로 있게 되었으며 처음으로 그의 문하생중에 "정종술"(부산출신)을 중심으로 하여 2회에 걸친 발표회를 갖기로 하였다.

환도 후에 1955년 1월 낙원동에 김천흥무용연구소라는 간판을 걸었다. 그때 학생들의 구성은 6세 어린이부터 60세 노인까지 남녀노소가 함께 어울려 춤 공부를 하게 되었다.

곧 이어서 그는 제1회 한국무용발표회소품집을 시공관에서 갖게 되었는데 발표회는 성공적으로 마치게 되었으며 그 당시 어느 비평가는 신문 사회면을 통해 다음과 같이 강평을 했다

"김천흥 고전무용연구소에서는 지난 3일과 4일 서울시립극장에서 제1회 고전무용발표회를 가졌다. 제1부는 "대고무"외 8 종목이었으며 제2부는 "향발무" 외 10종목의 각종 무용이 발표 되었었다. 김천흥은 원류민속무용의 정통 계승자중의 한 사람이다. 그 후 4년 뒤 1959년에 제 2회 무용발표를 시공관(명동구국립극장자리)에서 무극 처용랑 3막 5장을 40분에 걸쳐 공연하였는데 악사만 해도 40명이었으며 모든 곡은 현 국악고등학교 원장인 김기수씨가 편곡도 없이 모두 새 곡으로 만들어 공연하여 이채를 띄었고 무용극으로는 그때까지 가장 큰 규모였으며 이 작품이 서울시 문화상을 수상하기도 하였으며 국악진흥회에서 주는 "국악실기상"을 획득하기도 했다

그는 또 "가면극연구회"에서 이사직을 맡으며 연차적 계획을 수립하여 "봉산탈춤, 양주산대놀이, 북청사자놀이" 등 무료 강습회를 실시하여 가면무의 전통계승을 위해 노력하였다.

그 뒤 1963년 제3회 무용발표회를 "봉산탈춤, 홍부전"을 발표했으며 그 해 4월 미국에서 3개월간 우리무용발표회를 갖는다.

1964년 12월 그는 "중요무형문화재1호로 종묘재래악 기능보유자"로 인정받는 영광을 받게 되며 68년 문화재 보존 공로상을 예술원대상 무용상의 영광을 안기도 했다.

그는 또 국립국악원, 이화여대무용과, 서울대에서 우리전통음악과 춤을 지도 하였다.

그의 활동은 해방이후에 더욱 빛을 발하여 각급학교의 무용강사, 또 개인 연구소를 차려 한국무용 보급에 전력을 다하였고 10여 차례의 발표회는 그 때마다 새로운 연구와 발굴로 비상한 주목을 끌었다. 특히 창작 무용극 "처용랑", "만파식적"등은 그만이 능히 도달할 수 있는 전통무용의 높은 예술성으로 무용계에 끼친 공적이 지대하다

그 뒤 1971년 년 2월 8일 중요 무형문화재 제39회 "처용무" 기능 보유자로 지정받아 다시 한번 우리나라 전통 무용계에 살아있는 인간 문화재로서의 건재함을 과시하게 되기도 하였다

1974년 하와이 대학교 하기 강습회에 무용 지도를 위해 도미 우리전통무용과 춤을 강습했다. 그는 무용인협회가 주는 무용공로상을 받았다.

1975년 7월 광복30주년기념 및 무악생활 50년 전통무용 공연을 갖게 되었다. 그 공연에서는 "가인전목단, 향발무, 학춤" 등의 발표로 큰 성과를 얻었다.

인간 문화재 김천흥의 지나온 생애는 우리정통 무용과 음악의 맥을 이어 계승시킨 인간 문화재로서의 고귀한 가치와 존엄을 떠나서라도 물질과 금전과 권력에 노예가 되어 좌지우지 방황하지 않고 표본적인 삶을 살았다.

예인의 향취가 물씬 풍기는 그는, 무용을 배우고 익히는 사람들과 지도하고 연구하는 사람들에게 우리 전통 무용의 발전을 위해 다음과 같이 말하고 있다. "예술과 상품은 그 가치와 차원을 같이 할 수 없다. 즉, 목숨을 연명하기 위해서 밥을 먹는 것 같이 살아가기 위한 수단의 일부로 무용을 한다면 그 무용은 이미 예술적 가치를 유발해 낼 수 없다.

다만 하나의 상품적 전시 효과에 지나지 않는다. 모든 예술이 마찬가지겠지만 예술이란 살아가기 위한 수단이 아니라, 무용이면 무용 그 자체 때문에 살아갈 가치를 느끼고 정진할 때 그 무용이 예술이 되는 것이요, 그런 의미를 가지고 무용을 하는 사람이 무용

예술인이라 할 것이다."라고 말 하였다.

따라서 무용을 지도하고 연구하는 사람들은 지금당장 눈 앞에 직면해 있는 자신의 생활과 손익에서 떠나 오직 우리 무용의 보존과 계승발전 시키는 일을 생의 목표로 삼고 사명감을 가지고 무용에서 생의 의미를 찾고 거기에서 가치를 찾고 또한 생의 철학을 심어 "심기일전"하여 "일거수일투족"열과 성의를 쏟아야 할 것이다.

60평생을 바친 우리 무용계의 숨은 공로자인 그는 이화여자대학교와 한양대학교 그리고 국립국악원에서 후진 양성을 위해 바쁜 나날을 보냈으며 그의 평생의 소원이며 염원인 궁중 무악의 체계적이고 정통한 문헌을 만들기 위해 궁중무악연구에 몰두하고 있으며 우리 문화 무용발전에 헌신을 다하고 있다.

- 수 상 -

1951- 국악 실기상

1960 - 문화재 보존 공로상

1970 - 한국 문화 예술원상 무용상

1972 - 전남일보 전일방송 무용상 수상

1973 - 국민훈장 모란장

한영숙(崔承喜)
1911~1969

5. 한영숙(韓英淑. 1920~1989)

한영숙의 출생지는 충청남도 천안. 1920년 10월 아버지 한희종과 어머니 사이에 태어났다. 그녀는 유년시절은 부모와 떨어져 외조모와 함께 사는 날이 더 많았다 그것은 부모님의 결혼에 문제 때문이었다. 그녀의 큰 할아버지 한성준은 그녀를 서울로 데려 간다. 바로 이 큰 할아버지가 춤의 명수며 음악의 명수인 한성준 할아버지 인 것이다. 이 때 그녀의 나이가 13살이었다. 서울로 온 그녀는 건강이 좋지 않아 1년간 집에서 쉬었다.

한성준은 그녀에게 무용할 것을 권유 했고, 무용을 시작 하게 되었다. 처음엔 너무나 어려워 몇 번을 포기를 했지만 한성준은 계속 격려해 주며 일깨어주어 좌절 하거나 포기 하지 않고 " 춤이야 말로 나에게 주어진 모든 것" 인양 생각하며 열심히 하였다.

그녀는 한성준으로부터 우리 악기 해금, 양금을 배워 무대에 서기도 했다. 그러나 그녀는 악기와는 인연을 끊고 춤에만 몰두 하게 되었다.

18세때 검무복의 한영숙

한성준 선생은 그녀에게 자신의 춤은 물론 자신의 정신, 마음 까지도 가르칠 양으로 무척 열심히 집념을 가지고 가르쳤으며 아침저녁 때를 가리지 않고 틈나는 데로 열심히 가르쳤다.

승무, 검무, 살풀이, 바라춤, 태평무, 한량무, 학춤 등을 배웠다. 그리하여 16살 되든 해 1937, 10월 부민관에서 첫 발표회를 열었다. 관객들로부터 아낌없는 박수와 찬사를 받았다.

그는 스스로 "내가 정말 잘 하는가 보다" " 할아버지가 나를 제일 귀여워하고 예뻐하시는 구나" " 더 이상 부러울 것이 없다는 복합적인 맘으로 기쁨과 자부심에 충만 되어 있었다고 한다. 그 후 한성준과 함께 일본 만주 북부일대 , 황해도, 평안도, 함경도, 등 순회공연을 다녔다.

그 당시 강선영도 한성준 선생께 춤을 배워 한량무, 태평무, 등을 2인무로 추게 하여 그는 남자 강선영은 여자로 곧잘 춤을 추게 되었다. 그 후 1941년경 강선영은 연구소를 떠나야 했다 그들은 친동기간처럼 친했었다고 한다. 얼마 후 한성준은 병마에 시달려 세

58세때 승무를 추는 한영숙

19세 때 화관무복의 한영숙

김민자 진수방과 함께

상을 떠난다. 그는 할아버지를 이렇게 회상한다. " 그분은 항상 연구하셨던 분이야. 한시도 쉬는 것을 보지 못했어, 걷는 것도 예술이며 춤이라고 하시며 일본을 자주 드나드셨기에 그런지는 몰라도 모든 면에 과학적이고 시대에 앞서 가는 분이셨지" 라고 그는 오직 무용, 음악에만 몸을 받혀 살았다고 한다.

한성준이 작고 후 그녀는 그를 대신해서 무용과 장구를 가르쳤으나 사회적 여건과 경제적 문제로 인하여 작은댁으로 또 홀로 셋방을 얻어 독립하게 된다. 그 당시 한영춘의 도움으로 스카라 극장에서 무용을 가르치게 된다. 일제 압제에서도 우리 옷과 우리 춤을 사랑했고 고집하여 지켰다. 8.15 해방과, 긴 고통의 속에서 그는 23살에 음악전공인 남편을 만나 결혼했다. 서로의 공연으로 떨어져 살 때도 있었다고 했다.

6.25가 발발 하자 무용이 중단되었고 5년간의 대구 피난생활을 마치고 서울로 복귀 김소희 등과 " 민속예술학원을 만들어 춤을 맡아서 가르치니 약 200명 의 학생이 그녀에게 무용을 배웠다. 이 학원은 나중에 국악예술학교로 설립하게 된다.

그녀는 1960년부터 죽기 전 까지 국악고등학교, 서라벌예술대학, 서울예술 고등학교, 서울예술전문대학 등에서 교육자로서 한평생을 바쁘게 보냈다.

그녀는 춤이란 끝없고 완성이 있을 수 없는 예술의 세계임을 느끼게 하며 스스로 그의 모든 것에 숙이게 한다고 말했다. 장충동 국립극장에서 살풀이를 추었는데 이방자 여사가 그의 춤을 보고 " 저 조그마한 여인에게 어떻게 한국의 혼을 느낄 수 있으며 조심스레 조용히 살아온 한국 여인상과 한을 볼 수 있을까 "라고 감탄하며 극찬을 아끼지 않았던 것을 가슴속 깊이 간직 하고 있다.

한영숙은 제자들에게 조용히 그리고 명확하게 힘주어 말한다. 절대 외국의 모방을 하지 말고 주체성 있는 예술로서의 춤을 자기만이 출수 있는 춤, 자기에 맞는 춤을 선택을 강조 하며 한길을 갈 것을 원했다. 그것은 예술로서의 춤에 대한 충실감과 사명감의 발로 인 것이다. 그녀는 예술은 " 아름다움을 통한 서로의 동감에 의한 것 " 으로 표현하는 것이라 강조 했다.1974년 수도여사대무용과 교수로 임명받아 1981년 제자 정재만에게 넘겨주기 까지 30여년이 넘는 긴 세월을 후배양성에 힘써왔다.1기생은 정재만 ,이애주, 2기생은 이향재, 양성옥 등이 있다.

"우리 춤은 마음으로 추는 춤"이라는 철학을 내 놓을 수 있는 경지로 자신의 세계를 구축한 그의 무용을 볼 수이었음은 크나큰 기쁨이었다. 문예진흥원에서 그녀의 승무, 태평무 , 학춤, 살풀이를 영구히 보존하고 있다.

한영숙 선생님은 인생에 있어서 명예나 재력을 위해서 그의 슬기나 지혜를 발휘하지 않았고 " 춤 "만을 위해서 모든 슬기와 지혜를 발휘하였다. " "호랑이는 죽어서 가죽을 남기고 사람은 죽어서 이름을 남긴다. " 는 옛말속의 주인공 한영숙 선생님이다.

- 수 상 -

1967 - 서울특별시 문화상 수상.

1970 - 서울신 문사 제3회 문화상 수상

1970 - 국민포상 대통령상 수상.

1971 - 제3회 문화예술상 수상.

1973 - 훈장 동백장 수상.

1980 - 대한민국 예술원상 수상.

강선영(姜善泳)
1925~2016

⋮

6. 강선영(姜善泳. 1925~2016)

무속춤의 예술화

강선영은 1925년 12월 25일 (음력) 경기도 안성군 양성면의 조그마한 마을에서 출생(出生)하였다. 딸 셋중 막내인 그녀는 딸 둘을 낳은 후 오래 태기가 없자 가내(家內)에서는 아들을 기다려 작은 할아버지는 마곡사에서 불공을 드리고 모친은 백일기도를 드려서 얻으신 분이었다.

어려서의 성격은 새침한 고집쟁이, 버릇없는 귀염둥이였다. 그녀의 춤에의 길은 전혀 본인(本人)의 의지에서 시작된 것은 아니다. 아들 대신에 얻은 딸에 대한 모친의 결심이 오늘의 강선영을 만든 것이다. 그녀는 학교에서 "신식 어머니와 구식 어머니"라는 연극 중에 나오는 무용(舞踊)을 시켰다. 곧 잘하는 그녀에게 "너는 장차 무용가(舞踊家)가 되어라" 한 것을 그녀가 집안의 어른들께 자랑삼아 한 것이 오늘이 있게끔 한 것이다.

13세가 되던 해, 그녀를 몹시 아끼고 사랑하던 부친이 돌아가시고 모친은 그녀에게 무용(舞踊)을 시키겠다는 확고한 결심을 하였다.

그녀가 15세 되던 해, 모친은 경운동에 있는 한성준 음악무용연구소(韓成俊 古典音樂舞踊研究所)에 입소시켜주었다. 안성여자고등보통학교(安城女子高等普通學校) 2학년이 되던 1937년 3월 이었다. 그 이전에는 방학때 잠시 서울로 올라와 배웠으나 정식으로 입소하여 무용(舞踊)에 전념해야 했다. 당시 연구생은 한성준 선생의 손녀인 한영숙을 박언니라 불리우던 朴보아의 동생을 비롯하여 7~8명 정도였다.

아침 6시경 일어나 20~30여평 되는 연구서의 청소부터 시작하여 계단의 청소까지 다 하고 나면 통학하며 배우는 학생들이 오기 시작하였다.

그녀의 하루 생활은 잠자리에 들때까지 한눈 팔 틈이 없었다. 그녀는 어른들이 시키는 일, 선생이 가르치는 모든 것을 열심히 따라가는 자세로 공부하였다. 그러던 중 무용예술에 대한 사랑이 싹트기 시작한다.

그녀가 연구소에서 생활할 당시는 일본이 미국과 전쟁을 하던 때라 외국무용이 발붙

강선영 「태평무」

일 곳이 없어 대부분 한국무용으로 바꿔 배우던 때였다.

　그녀의 연구소 생활 5년간 한성준을 찾아왔던 사람은 지금은 작고하신 조택원, 미국에 계신 진수방 등이었고, 외국인으로는 일본인 작곡가와 결혼해서 일본에 귀화한 미국인 무용가 이또데이꼬와 일극 소녀가극단의 안무가이며 일급 무용수였던 미바시렌꼬(三橋蓮子)가 있었다.

　그때 당시 예술이 돈으로 거래되는 것을 달갑게 여기지 않던 때라 꼭 수업료를 내야한 다거나 받아야 한다는 뚜렷한 개념이 없었다. 외국인 무용가에게 받은 유일한 사례라 생각 되었다. 이런 것들을 한선생은 섭섭해 하며 "내 代에는 이럴 수밖에 없다. 이러한 것들 이 다 너희들 代에 가서 예술가 대접을 제대로 받을 수 있도록 하는 밑거름이 될 것" 이라 는 말씀을 하셨다.

5년간의 연구소 생활은 그녀의 평생을 살아가는데 큰 교훈(教訓)을 삼게 했으며 늘 그 때의 정신상태를 바탕으로 하면 앞으로의 모든 일도 걱정 없이 해 나갈 수 있으리라 생각하는 것이다.

1943년 3월, 제1회 무용발표회가 부민관에서 있었다. 당시의 발표회는 어느 한 개인의 발표회라기보다 스승과 제자가 한 무대에서 공연을 했는데 제자들은 스승에게 자신의 성장한 모습을 보여드리는 기회도 되는 것이었다.

이 발표회에서 추어진 춤은 태평무, 승무, 살풀이, 학춤, 초립동 등이었다.

태평무는 한성준이 언제 만들었는지 확실치는 않았지만 그녀가 춘 태평무는 한영숙을 왕으로 그녀를 왕비로 해서 만든 춤이었다.

1943년 8월 연구소에서는 일본과 만주순회공연이 있었다. 스승인 한성준은 전에도 일본공연을 한 적이 있지만 그녀로서는 처음으로 갖는 일본 공연이었다.

연구소 시절 중 특히 기억되는 일은 그녀가 무용안무를 한 일이다. 방년 18세 때의 일이다.

만주공연 1년 후, 연구소를 나와 몇 달 지났을 때 다시 일본에 갈 기회가 생겼는데, 그녀 혼자 다까라스까 소녀가극단의 한국무용강사로 취직이 되었던 것이다. 이러한 인연은 미바시렌꼬가 한성준 선생에게 승무를 배울 당시 그녀가 통역을 한데서 비롯된 것이다.

그녀는 정신대를 피하기 위한 최선의 방법은 결혼을 하는 것인데 형부의 중매로 천안의 李판서댁 맏아들인 이명구와 결혼을 하게 되었다. 해방직전의 5월이었다.

시댁에는 무용을 한다는 사실을 숨기고 성사된 결혼이었다. 당시 양반댁 며느리가 춤을 춘다는 사실은 있을 수 없었다. 그러나 남편은 모든 것을 알고 있었다.

6.25피난생활에 별 탈 없이 수복을 맞았고 서울로 곧 상경했으나 1.4후퇴로 다시 피난을 가게 되었다. 그때 식구들과 헤어지게 되어 그녀는 목포의 박보아(삼성창극단 대표) 집에서 신세를 졌다.

무용을 잠시 쉬고 있는 동안 영화감독이던 윤봉춘이 무용을 할 것을 권유했다. "이제 뭘 한다고 나설 수 있겠느냐?" 는 그녀의 말에 그는 무용계는 물론 모든 예술계가 모두

「춘향전」 중 조용자와 함께 (1960년 대)

다 그 사람들인데 안 될게 뭐냐며 격려를 해주었다.

환도 직전인 때 그녀는 무작정 서울로 갔다. 딸도 남편도 다 두고 어떤 계획도 없이 막연히 무용을 다시 하겠다는 생각에서 저지른 일이었다.

1951년 5월 "강선영 고전무용 연구원"이란 간판아래 그녀가 무용생활을 다시 한 것은 엄두도 나지 않던 일이지만 차츰 바쁘게 되어 생기 있게 일을 하게 되었다.

그녀는 을지로, 지금의 산업은행 뒷골목에 새 연구소를 열면서 허가를 얻었다. 김백봉이 제1호이고 그녀의 연구소가 제2호였다. 그때부터 지속적으로 배우는 사람이 많아 연구생이 130여명이 되었으며 그녀 역시 아침부터 밤까지 눈코 뜰 새 없는 바쁜 생활이 시작되었다.

1953년 9월 27일부터 29일까지 시공간에서 신작무용발표회를 열었다. 그녀의 첫 번째 발표회로 한성준 선생에게 배운 소품을 모두 묶어서 군무와 독무로 작품을 마련했다. 그때 태평무를 추었는데 실로 10년 만에 다시 정리하여 선을 뵌 것이다.

1954년, 닉슨 美부통령 환영 공연이 있었다. 많은 무용가들이 참가했고, 합창, 연주등 신구동서를 망라한 종합예술제 성격을 띤 것이었다.

1955년, 제2회 신작무용발표회가 시공관에서 있었다. 1회때는 소품위주이던 것을 2회때는 무용극 "목란장군"을 만들었다.

1956년 7월 한국무용예술인협회의 정관개정과 임원선출이 있었다. 이때 강선영은 민속무용분과위원장에 임명되었다.

1957년 11월 제3회 신작무용발표회가 시공관에서 있었다. 무용극 "농부와 선녀"를 몇 가지 소품과 함께 발표했다.

이어 1959년 4월 26일 문총회관에서 합동 총회가 열려 새로이 "한국무용협회"가 발족되었는데, 그녀는 정회원으로 영입되었다.

1960년 그해 5월 한국무용계로서는 처음으로 파리에서 개최된 세계민속예술제에 참가하였다. 강선영은 가무극 "춘향전"에서 향단역을 했으며 막간에 승무를 추었다.

대표작 "산제"는 64년 12월 국립극장에서 다시 다듬어져 공연되었고 "초혼(招魂)"이라는 문화영화로 만들어져 1965년 5월 아시아 영화제에서 문화영화 작품상을 받았다. 그

강선영 제자들의 「태평무」

녀로서는 최초의 보람을 거둔 작품이었던 것이다. 현재까지도 그녀의 대표적인 작품으로 첫째가는 것이다.

1965년은 아시아 영화제의 영광외에도 3월에 있었던 서울시 문화상 무용부에서 수상한다.

1965년 3월 10일부터 14일까지 송범 구성, 김진걸 안무에 "배신"과 더불어 "십이무녀도"를 강선영의 안무로 제5회 국립무용단이 발표회를 했다.

1966년 9월, 그녀는 동경에 새로운 연구소를 개설하였다. 오사카의 연구소는 자리가 잡혀 조교인 석양자에 일임하고 동경의 연구소에 힘을 기울였다.

1968년 3월, "강선영 무용단"의 이름으로 대만 공연이 있었다.

1970년 5월 국립무용단에 부단장을 맡으면서 그 해 11월에는 강선영 개인 무용단의 일본 공연이 있었다.

1971년 8월 한일 국교정상화 5주년 기념 공연을 일본에서 했고 그 해 9월 일본 NION TV의 특별공연도 했다. 그 TV 공연은 그녀 개인의 프로였으며 살풀이, 승무 등의 소품을 추었다.

1972년에는 PATA 총회 공연과 독일 뮌헨올림픽 한국민속예술단 지도위원 및 출연자로 세계 24개국을 순회하며 공연하였다.

그녀는 한국무용협회 이사장, 국회의원 등 예술가로 정치인으로 행정가로 평생을 무용발전과 후진을 위해 헌신하고 계시는 명인임과 우리무용의 리더자임에 틀림없다.

수상 : 서울시문화상, 제12회 아시아영화제 무용부문(초혼)작품상, 1965년, 국민훈장목
　　　련상(1973년), 대한민국예술상(1975년)

현재 : 태평무 전수회관 이사장, 민주평통자문위원, 경기도 여성문과위원장, 한국예술
　　　종합학교 무용원 전통원강사, 예총명예회장, 중앙대 안산캠퍼스 초빙교수

이매방(李梅芳)
1927~2015

7. 이매방(李梅芳.1927~2015)

남도예술의 거장

이매방(李梅芳)은 1927년 5월 5일 전남 목포에서 10남매 중 막내로 태어났다.

「오직 肉身을 태움으로서 비로서 우리들은 人間이 되는 것이다.」

이런 릴케의 詩처럼 춤을 위해 거의 60평생의 生을 사르며 肉身을 태웠던 이 매방!

3살 걸음마를 배울 때부터 춤을 추었다는 그는 사내로 태어났지만 사내다운 행동은 하나도 하지 않고 누나들을 따라 치마 저고리를 입고 계집에 같은 행동을 하는가 하면 누나들이나 여인들이 추는 춤을 한 번만 보면 그대로 흉내를 잘 냈다는 그의 어머니 말씀은 어찌보면 그는 태어나기를 무용을 위해 태어났음을 의미하는지도 모른다.

그의 그러한 천부적이고 선천적인 재질에 더욱 부채질을 해준 것은 집안어른인 李大

30대의 모습

46

祚였다. 당시 60세였던 務安출신의 名舞人 이었던 李大祚의 춤사위에 넋을 잃고 그는 철이 들기전부터 이미 평생을 춤 속에 살리라는 결심을 했다.

그는 초등학교도 가기 전에 옆집의 관기였던 券番長(권번장)이 춤을 추면 옆에서 동작을 하나하나 따라하며 이미 허튼춤 (입춤=굿거리=기본)을 배운 터였다.

그 후 초등학교(북교)를 다니면서도 6년간을 권번(券番=기생훈련학교)에서 살다시피 하였다. 그때의 엄격한 券番生活을 통해 언행, 예의범절, 소리, 음악 (기악), 무용 등을 배워야 했다. 그는 목소리가 좋지 않아서 소리는 하지 않고 모든 음악과 무용을 중점적으로 몸에 익혔다.

그의 나이 12살 때에 임방울의 도움으로 명인명창대회에서 처음으로 승무를 추었다.

15, 16세 때에는 벌써 본격적인 활동으로 유명 국악인들과 함께 임방울 명인명창 대회에 참가하여 조선 각지를 누볐었다.

또한 여성 국극단 '삼성' '임춘앵 국극단'에 들어가서 안무지도를 하는 한편, 우리나라 팔도의 무대를 좁다고 여긴 그는 한국, 중국, 일본 등 세 나라 무대를 누비며 공연하는 정열을 보였다.

1935년 광주에서 첫 발표회[작품: 승무, 살풀이, 무고, 소고, 입춤등]를, 1956년 부산에서 2회발표회[작품: 승무, 살풀이, 검무, 초야] 등을 발표하였다. 다시 서울 교남동에서 연구소를 운영했지만 이 공연 후 경제적 타격을 받았다고 한다.

해방직후 20代에 이범석 국방장관이 주관한 국가행사의 공연에서 임춘앵씨와 '쌍승무'를, 1953년 이승만 대통령이 계신 경무대에서 혼자 '승무'를 추었던 일등이 그에겐 잊을 수 없는 기쁜 추억으로 남아있는 것이다.

그의 나이 40代 로 접어들던 1967년 그는 세 번째 무용발표회를 명동 국립극장에서 신식 가락으로 창작된 '꽃신집신'을 이선옥(현 재미무용가)과 공연하였는데 이것은 장화홍련전의 이야기 무용화한 것으로 그의 첫 창작이었으며 무용계에서 크게 호평을 받기도 했다.

그 외 그는 무용협회의 수없이 많은 합동공연(6.25 기념행사, 3. 1절 기념행사, 8. 15기념행사)을 통해 그가 즐겨 추던 '승무', '화랑도' 등의 공연을 하였고 이러한 잦아지는 공

1956년 부산발표회 때

연 속에서 북의 종류 및 숫자를 달리하여 불가에서 쓰는 천수북과 천 가지의 테크닉이라 하여 3고무, 5고무, 7고무, 9고무, 13고무 등의 천수북을 만들기도 했는데 그가 울리는 천수북의 울림은 단순한 북소리가 아니요 그의 60평생의 恨의 두들김이요 그의 영혼의 부르짖음이기도 하였다.

그간에 해방전후 한국 춤이 현대화됨에 따라 조선 무용식의 춤과 신무용식의 무용으로 양분화 되어 그의 주위에선 절대로 남들과 같이 신무용식에 휩쓸려 들어가지 말 것을 권유받았다.

그리하여 그는 의지로서 전통의 춤사위를 흐트러뜨리지 않고 혼자의 힘으로 꿋꿋이 지켜온 것이다.

그는 50代에 들어서면서부터 서울에서 본격적인활동을 펴나가기 시작했다.

1977년 7월 30일 무더위 속 서울 도심 한복판인 YMCA 대강당에서 첫 '승무 발표회'를 가졌다.

1978년 3월 프랑스의 서부도시 '렌느'에서 열린 '제5회 세계민속예술제'에 참석했다

같은 해에 공간사랑에서 "전통무용의 밤"을 개최하였고 1979년 10월 서울예술고등학교 강당에서 열린 '한일 민속무용의 비교 연구를 위한 세미나와 실기교류'에서 우리나라 전통무용의 실기를 보여주었다. 같은 해 12월 명무 전에서 노익장들이 펼쳐지는 허튼춤, 살풀이, 병신춤, 태평무등과 함께 그의 승무가 추어졌다.

1981년 8월 워싱턴 케네디 센터에서 열린 'KAL민항 10주년 기념공연'에서도 승무를 소개하였으며, 그는 이날까지 특히 '승무'와 '살풀이'로서 그의 예술세계를 고수하였다.

그는 이미 작고하고 안 계신 스승들을 기억하는 生活과 완고하신 부모님의 영향으로 거의 조력 없이 자수성가한 그는 이렇게 회고한다.

"선생님들이 하나를 가르쳐주시면 앞서서 둘, 셋을 인지했고 춤 맥이 남과 달랐고 주위에서 천부적인 재질을 인정받아 제자 하나 생겼다고 했지." 라고 하며 춤의 '멋'은 자기감정에 의한 것이기 때문에 전달하고 받을 수 있는 것이 아니고 오래 삭으면 삭을수록 맛이 드는 젓갈에 춤을 비유한다.

그의 춤은 3살 때부터 시작된 일생의 業이며 가난과 실의 속에서 닦여져 온 단단한 기둥이다.

누구에게도 그러하겠지만 세월이 흐른다는 것은 그에겐 특히 슬픈 일이다. 왜냐하면 지금까지 수없이 많은 무용인들에게 그의 춤을 가르쳐 왔으나 자기만이 보유하고 있는 호남제 승무와 살풀이를 전승해 줄 제자를 이루어 놓지 못해 안타까워하며 자신의 작품을 그대로 이을 전승자를 찾아내기에 신경을 집중하고 있다.

그는 평생을 '춤추고 춤 가르치며 살아 왔다.' 아무의 도움도 없이 오직 혼자서만 걷고 지켜야 했다. 그가 아니면 그 어느 곳에서도 볼 수 없는 그의 가락으로 그가 만드는 무대의 선을, 가장 완벽하게 이어받은 우리의 것을 이제는 우리가 그와 함께 지켜나가야 할 것이다.

김문숙(金文淑)
1928~현재

⋮

8. 김문숙(金文淑. 1928~현재)

김문숙은 1928년 12월 27일 부친 김경용, 모친 박옥희 사이의 첫 딸로 서울에서 태어났다. 1937년 8세때 창신 국민학교에 입학, 졸업할 때까지의 대부분의 학교 생활은 공부보다는 놀이로 학교 행사인 학예회 때 마다 민요의 가락에 맞춰 스스로 춤을 만들어 추어지냈다.

완고한 어머니의 반대에 부딪혀 결국 문과대를 택했다. 중앙대학시절 연극 "금강산"이란 연극 중에서 "고려수"라는 남자 주역을 맡게 되었을 뿐만 아니라, 연극 중에서 무용부분을 안무하여 삽입하기도 했다. 마침 일본에서 마리 위그만 계통의 현대 무용을 공부하고 온 "함귀봉"에 의해 발탁, 현 YMCA자리인 그의 교육 무용 연구소에서 현대 무용을 배우기 시작했다. 그 선생은 무용이란 것은 몸만 움직이는 것이 아니라 정신으로 해야만 참 예술이고 또한 창작 예술을 해야 한다고 가르쳤다. 1948년 그녀는 본격적인 무용인으로써 첫 무대 발표회를 시공관 구 명동예술극장에서 가졌다. 1951년, 1.4후퇴를 계기로

당시의 무용가가 납치 또는 월북한 것에 영향을 받아 정부에서는 예술단체를 조직하였는데 무용에는 송범, 김진걸, 주리, 김경옥, 조동화, 김문숙 등이었다. 그녀는 우리의 것을 알고자 하는 강한 열망을 느껴 최승희의 전속 악사였던 박성옥을 찾아가서 장단과 승무, 검무, 부채춤 등의 한국 무용을 본격적으로 배우게 되었다. 1954년 10월 "김문숙무용연구소"를 개설하여 학생들을 가르치면서 우리의 궁중 무용에 대해서도 관심을 가져 김천흥 선생님으로부터 사사 받기도 했다. 우리춤을 점차 독창적인 것으로 새롭게 만들고자 노력하여 재래의 화관무. 부채춤등을 새롭게 창작하여 전통

1958년 작품 「모란 등기」

국민학교 6학년 시절(부민관에서) 전국 아동무용 콩쿠르에 참가 했던 김문숙

1958년 시공관에서 「홍」을 추는 김문숙

계승이 아닌 창작 무용을 시도 하였다.

1958년 9월 1~2일 시공관에서 제1회 김문숙무용발표회를 가지게 되었다. 1958년 홍콩 TV에 출연하여 부채춤, 대궐 등의 소품을 공연, 1959년 미국 NBC TV및 하와이, 로스앤젤레스, 샌프란시스코에서 공연, 작품은 대궐, 승무, 수평선, 홍, 등이었다. 미국 NBC TV공연은 두 달간의 정식계약으로 치밀한 계획, 연습, 연구를 거쳐 비로소 공연했다.

1960년도 한국무용계의 원로이신 조택원과 결혼함으로 활동 범위가 더욱 넓어지게 되었다. 국내에서는 국립극장 무대에서 많은 공연을 했으며 주로 공연한 작품들은 1960년 춘향전, 1963~4년의 무영탑, 무녀도, 1973년 견우직녀, 1974년 왕자호동, 1975년 심청전, 1981년 황진이, 1982년 썰물등이 있으며 수많은 해외 공연의 작품으로서는 살풀이, 무고무, 승무, 연가, 처녀총각, 대궐, 부채춤, 장고춤, 수평선, 홍등이 있다.

그녀는 오늘의 무용인들은 해야 할 일이 무척 많으며 예술을 출세의 발판으로 하려는 자세는 위험한 것이며 다만 꾸준한 노력과 정신의 수련, 공부와 타 분야에 대한 지식을 넓히며 참된 마음으로 자기완성의 예술이 되어야 한다고 말한다.

현재 그녀는 여러 무용 단체의 공연에 참가 하면서 우리 무용의 뿌리를 찾아 무용 역사를 이룩하고 선후배가 조화 되어져서 무용계 질서를 확립하고 발전해 나가는데 힘쓰고 있으며 무용학원장으로 한국무용협회무용이사로 무용계를 위해 열심히 봉사하고 있다.

- 수 상 -
1973 - 대한민국 국민훈장 수상

정인방(鄭寅芳)
1926-1984

9. 정인방(鄭寅芳.1926-1984)

1926년 7월 5일 초 여름 鄭寅芳은 당시 언론계에 종사하던 부친 정홍조(35)와 모친 이규승(32)의 사이에서 정인하 라는 이름으로 서울 종로구 인사동 215번지에서 태어났다. 그의 집안은 경제적으로 부유했을 뿐만 아니라 가정적으로도 화목 하였으며 위로는 누님이 한 분 뿐인 1남 1녀의 행복한 집안이었다. 그의 부모들은 외아들인 그에 대한 기대와 희망이 커서 장차 정치나 의학, 법학도 쪽으로 그가 성장하길 원했다. 그가 4 살 되던 해인1930년 봄 어느 날, 그의 집에 단골로 다니던 나라만신인 백구바호라는 무당이 그의 집에서 재수굿의 하나인 꽃맞이굿을 하고 있는데 그가 그녀의 (무당) 흉내를 내고 있었다. 이것이 그가 처음으로 춤의 재질을 나타낸 것이었다. 1935년 5월 그는 항상 데리고 다니던 몸종인 하녀 봉녀와 함께 누나가 다니는 경운동 교동소학교로 가는 길목에 있는 「한성준 무용연구소」를 잠시 구경하고자 들어섰을 때 배우고 싶은 마음에 가슴이 설레

시공관 공연중 분장한 정인방(1950)

었다. 한성준에게 그러한 그의 마음을 소상히 이야기 하고 허락을 받아 기본동작인 8동작부터 승무 태평무, 학춤, 한량무, 바라춤을 그로부터 6년간에 걸쳐 배웠다. 그러나 부친의 강력한 제지하에 1943년 7월 그는 한성준 조선무용소를 퇴소하였다. 43년 8월 일본 동경으로 건너가 일본 고등공업학교에 편입했다. 그러나 춤에 대한 미련을 버리지 못한 그는 일본 무용계에서 활약하고 있는 석정막을 찾아 갔으나 석정막에게 무용을 배우는 것을 일단 포기했다.

다시 한성준 무용연구소에서 한국춤을 같이 배우던 일본인 미아시랭꼬를 찾아가 석정막의 제자인 쓰찌리랭꼬를 소개 받아 그녀의 무용연구소에서 현대 무용의 기본을 배웠다. 쓰찌리랭꼬에게 현대무용을 배우던 2년 동안의 생활을 종지부 찍고 고국으로 돌아왔다. 그리고 1945년 5월 8일 그가 19세 되던 해 서울 부민관에서 정인방 이라는 예명으로 제1회 무용발표회를 가졌다. 작품은 제1부 김홍길 테너 독창과 제2부는 그의 작품인 심상근 곡의 「굿거리」, 「승무」, 「신선도」, 「춘향전」을 추었다. 이 공연의 평은 일본 신

원각사에서 8.15 기념공연에서 「대감놀이를 추는 정인방(1948)

문사인 상공일보와 조선일보에 「젊은 나이로 예술의 아름다움을 보여준 정인방 모습에 갈채를 보낸다」라는평이 났다.

그의 대표작으로 손꼽는 「身老心不老」이다. 부친께서도 그의 불타는 집념을 이해하여 적극적으로 그를 도와 뒷받침함으로써 집 근처인 종로구 청진동 236번지에 무용연구소를 열 수 있었다.

그는 열심히 제자들을 가르쳤고 친구들(무용계)에게도 의리와 신의를 잃지 않고 무용에 전념했다. 그러면서도 그는 항상 더 배우고 싶은 욕망과 자신의 부족함을 느끼면서 가르치며 배우겠다는 결심으로 전라도 순천으로 내려가 권번에 있는 경상도 진주태생인 이재영을 찾아가 전라도 살풀이와 봉산탈춤을 배웠고 다시 경기도 지방으로 가서 무속인 경기굿을 배우기도 했다.

1950년 민족적 비극인 6.25사변이 발발하자 그는 6월 27일 인민군에 의해 안국동 민대식 집으로 잡혀갔다. 거기에는 장추화, 송범, 최은희, 김승호 등 예술분야에 종사하는 미처 피하지 못한 수십명의 사람들이 끌려와 있었다. 떠돌아 다니는 유랑생활에 익숙치 않은 그는 정신적으로나 육체적으로 고통이 심했다.

1953년 2월 그는 서울로 올라와 혜화동에다 정인방 무용연구소를 연다. 1954년 3월 그는 한국 경제신문사 주최로 정인방 무용생활 20주년 기념공연을 국제극장에서 했다. 그는 그때까지 뼈와 살을 깍는 듯, 심혈을 기울여 만든 소품 작품을 보여주었다. 그는 1958년 10월 일본 키시 수상이 처음으로 민간인 예술단을 초청하여 박진을 단장으로 복혜숙, 이향자, 박귀희, 임춘행, 조용자와 함께 일본 일본순회공연을 마치고 왔다.

돌아온 후 그는 문화사절이란 한국무용단 단장으로 조용자, 강선영, 이인범과 그들의 제자들도 함께 다시 일본 공연을 가서 한국의 민속무용을 소개하는 작업을 하였다. 60년 여름 대내외 적으로 바쁜 공연 중에도 그는 조택원의 귀국을 진심으로 환영하면서 다른 무용가들의 무관심 속에서도, 그는 단독적으로 원각사에서 축하 공연을 해 주었다. 作品은 주로 소품집으로 화관무, 민요집, 검무, 탈춤, 신노심불로 등이었다. 그리고 그는 1961년 2월 24일, 25일, 26일 시공관에서 서울 경제 신문사 주최로 정인방 무용생활 25주년 기념공연을 했다. 6.25이후 상당한 기간을 침체해 중단이 있었다고 해도 한국무용엔 타인이 추종치 못할 독특한 것을 가지고 있는 그에게 큰 기대를 건다는 격려사였다.

63년 1월 그는 서울시 교육위원회 문화위원으로 임명 되는 등 바쁜 나날 속에 불란서 세계 민속제전 초청을 받아 놓고선 64년 3월 KP 통신사 서울 지사장인 양남순의 교섭을 거절치 못하고 20일만 출연해 준다. 그러나 김명덕이란 단원 한 명이 행방불명 되어, 행방이 묘연한 단원을 찾을 때까지 도의적인 책임으로 그는 일본에 남아 있었다. 그 가운데에서, 무용수 한 명도 제대로 인솔하지 못해 무용가의 위신을 땅에 떨어뜨렸다는 수모와 모욕을 당하며 2년 근신을 당했다. 그에게 2년 근신은 활동이 왕성할 38세의 나이로 굉장한 타격이었다.

68년 3월엔 서울예고를 졸업한 딸을 경희大 무용과에 보내는 등 바쁜 중에서도 그는 춤과 가정에 소홀함 없이 병행했다. 68년 8월에는 단독으로 일본, 대만, 2개월에 홍콩을 걸쳐 공연하며 우리의 민속과 예술을 이해시키는데 노력을 아끼지 않았다. 73년엔 도오쿄오에서 주일대사관 주최 8.15 기념행사 때는 미아시랭꼬와 「시집가는 날」도 공연했다.

또한 그는 고유 의상에 대한 소개와 전문적인 자료도 제공해 주며 아버지로서, 무용인으로서, 문화 사절로서, 1인 3역을 해 내는 동안 예풍과 예도를 지키며 무용과 함께 살아온 그는 이제 딸 규희도 시집을 잘 가서 2남 1녀의 자식을 두고 행복하게 살고, 아들 종은이도 한양대학교를 졸업하고 연세대학원에서 수학하며 자기의 위치도 굳혀가고 있다. 황혼 길에 접어든 쉰이 넘은 그의 한 많은 무용생활을 마지막으로 정리를 하고 여생을 마무리 지어야겠다는 마음으로 81년 5월 귀국했다. 귀국한 그는 작품 하나하나 마다 살아온 자기의 삶의 현장을 그대로 보는 작품들은 정리할 단계에서 82년 명무 전에도 참가했다.

박금슬(朴琴瑟)
1925–1983

. . . .

박금슬 「승무」

10. 박금슬(朴琴瑟1925-1983)

박금슬은 1925년 3월 25일 경기도 여주 이천의 모과면에 있는 소고리라는 조그만 마을에서 무남독녀로 태어났다. 집안의 외딸로 오래 살라는 뜻이 담긴 김길남이라는 이름을 얻게 되었다. 그가 3살 되던 해 누워 계시던 어머님이 세상을 떠나시고 고아 아닌 고아가 된 그는 사촌 손위 올케의 손을 거쳐 당숙 댁으로 보내지게 되었다. 당숙 댁에서 5살까지 지내면서 어린 나이에 일찍이 불편한 마음고생을 겪어야 했다. 생활이 넉넉지 못했던 당숙 댁에서는 그가 6살이 되던 때에 외가의 양녀로 그를 보내게 했다. 주사인 양아버지는 집안이 넉넉하여 봄, 가을로 자주 굿판을 벌였는데 어린 그는 그 굿판을 구경하는 것이 무척이나 좋았다. 굿판이 한참 흥에 올라 무당이 12놀이를 할 때 자기를 시키면 무당보다 더 잘할 것 같다는 생각을 했었다고 하니 어릴 때부터 그에게는 남다른 흥이 흐르고 있었던 것같다.

명동 국립극장에서 「번뇌」를 추는 박금슬(1966)

추계공원에서의 즐거운 놀이와 철부지로서의 시절을 보내다 그는 초등학교에 입학하기 위하여 일부 식구들과 혜화동 별장으로 거처를 옮겨 혜화국민학교를 입학했다. 그러던 중 그가 국민학교 4학년 되던 해에 슬하에 자손이 없음을 가슴 아파하던 아버지가 가사를 정리하여 강원도 인제로 이사를 하시고 道를 닦으신다면서 절을 찾아 다니셨다. 그때 그는 아버지를 따라다녀야 했는데 그 때문에 그는 불교에 처음 접하게 되었고 강원도 백담사를 알게 되었다. 그녀는 쉬는 날이나 방학 때면 별장으로와 백담사를 자주 찾아가고 스님들의 祭 올리는 모습을 접하게 되었으며 이때 梵現作法 등을 배우게 되었다. 14살이 되던 해 정성스런 간호에도 불구하고 60세인 아버지는 세상을 뜨시게 되는데 이 때 아버지의 유언이 그 동경 유학생과 약혼을 시키라는 것이었다.

1939년 3월 그의 나이 15살에 그는 동경 청수 가정고등여학교에 입학하게 된다. 학교를 다니던 중 석정막의 공연을 보고 그에게 무용을 배우게 된다. 1942년 2월 그는 고등학교를 졸업하고 3월에 동경 일본 여자 전문학교를 다니면서 곽서순과 만나게되어 사랑하게 된다. 그녀는 어려서부터 춤을 잘 추었다. 그리하여 당시 유명한 무용가 이시이바꾸 무용연구소에 들어가 현대무용을 배운다. 이 시기만하더라도 한국사회에서 춤을 추는 것은 기생이나 창우들이었는데 그녀가 무용을 했던 것은 진보적인 사람이라 할수있다. 결국 그녀는 아버지의 의도대로 곽서순(훗날 동국대학교 교수)과 결혼하여 딸 곽기자를 낳는다. 그는 석정막 연구소를 다니면서 약 5년간 기본적인바-연습을 위주로 피나는 수업을 시작했다. 그때 당시만 해도 무용을 한다는 것은 정상에서 벗어난 일로 취급될 때이라 그의 무용에의 열망은 참으로 눈물나는 작업이었다. 그러던 중 대동아 전쟁이 일어나 귀국하여 혜화동 별장에 머물게 된다. 그 무렵 최승희가 유럽공연을 하였는데 그를 보고 외국춤 보다는 한국춤을 추어야 하겠다는 생각을 하게 되었다. 그때부터 한국춤을 찾아 방황하는 시간이 시작되었다.

그는 각 지방 등지를 돌며 권번에 있는 정소산 선생을 만나게 되어 서울로 그를 모셔와 생활비를 대며 한국춤을 배우게 되었다. 혼자서 정소산에게 배운 후에는 장추화 등을 포함하여 5~6명의 연구생들과 함께 춤을 배웠다. 점점 춤이 어렵고 힘들어지자 같이 배우던 사람들이 그만두어 그 만이 혼자 남아 정소산의 주위에서 창을 대할 기회가 많아져 창

대전에서 「승무」를 추는 박금슬(1980)

의 기법을 터득할 수 있었다. 그리고 최승희, 조택원의 반주자였던, 지금은 고인이 된 김옥진에게 가야금도 배우게 되었다.

1944년 그의 나이 19살엔 어릴 때 본 절의 의식무를 잊지 못하여 백담사의 오세암을 찾아가 천월 스님 등께 작법, 범패, 바라춤, 운판무, 정근무, 천수경, 팔정도 불경 등을 더욱 깊이 배우고 정소산에게 돌아와 다시 춤을 배우다가 1946년 6월에 비원 앞 와룡동에 박금슬 무용연구소를 개설하게 되었다. 그 후 6.25가 일어나 다른 동료들과 함께 일선위문공연단이 되어 민요에 맞추어 추는 즉흥무와 꼽추춤, 무당춤, 노들강변, 시골처녀 등의 작품을 가지고 군인들의 위로 공연을 가졌다. 1951년 3월에 부산 성남 여자고등학교에 강사로 나가면서 지방이나 농촌을 찾아 다니며 막걸리와 돼지 고기로 놀이 판을 벌려서 그들이 꾸밈없이 놀게 하여 그 모습에서 여러 가지 동작의 명칭과 춤 등을 알고 익히며 연구했다. 그 해 4월에 부산 문화극장을 빌려 검무, 승무, 탑돌이, 살풀이, 너와나, 시골풍경, 풍성한 날 등의 작품으로 공연을 하고 4개월 후 문화극장의 공연과 비슷한 작품으로 부산 해병대 강당에서 막을 올렸다. 환도 후 그는 1년간 더 부산에 머물다가 서울로 올라와 비원 앞 근처에 초라한 연구소를 열어 놓고 현재 이대 부속병원 자리에 있던 학

「번뇌」를 추는 박금슬

교에 강사로 나가며 중앙 무대에서의 작품 발표의 필요성을 느껴 작품 구상에 몰두하다 1954년 2월 그에겐 처음으로 신문에 보도도 하고 프로그램도 만들어 당시 시공관에서 신작 무용발표회 막을 올렸다. 작품으로는 지효, 편시춘, 모녀의 일기 등이 있다.

그녀는 내가 좋아 추는 춤 내가 추면 된다는 신념을 가지고 무용에의 길을 다시 한번 다짐하며 1955년에는 남대문의 어느 빌딩에서 김해랑, 조용자, 진수방, 주리, 김민자, 송범, 정인방, 김백봉, 안제승, 김진걸, 김문숙, 최현, 이인범, 정순모, 권려성 등과 함께 무용협회를 조직하여 초대 회장에 김해랑을 선임하여 합동공연과 크고 작은 여러 공연을 열심히 해 나갔다. 그녀는 병신춤, 「번뇌」 작품으로 화려하지 않은 진실한 몸 움직임으로 인간의 내면을 표현하려 했다.

61년 6월에는 인천 신흥강당에서 박금슬 산하의 동인들과 함께 발표회를 갖고 항상 불교에 뜻을 두고 생활하던 그는 정민, 홍윤석, 고인이 된 김운학 등과 1963년에 불교 문화예술원을 창설하여 석가의 수도하는 과정을 그린 작품 "道의 길"로 첫 공연을 하였다. 1969년 8월에 동남 아시아 순회 공연길에 올라 홍콩, 싱가폴, 말레이지아, 인도네시아, 필리핀, 버마, 태국 등지에서 공연을 성공적으로 마치고 1971년에는 싱가폴 TV에 아시아 민속무용 안무가로 1년간 근무를 했다. 1977년 4월에 귀국하니 한국에서도 그의 할 일은 많아 청주사대에 강사로 취임하고 무용협회의 연수교육에서 강의를 맡는 등 바쁜 나날을 보냈다. 81년 2월에는 문예진흥원에서 출판하는 「춤 사위」 (정병호 著)에 나비춤, 바라춤, 살풀이 등의 술어와 동작의 무보 해설을 고증하였다.

김진걸(金振傑)
1926-2008

11. 김진걸(金振傑.1926-2008)

金振傑(본명 김형표)은 1926년 9월 28일 어머니 이씨 사이에 8남매중 막내로 태어났다. 그가 태어날 당시 그의 아버지는 배재학당 출신으로 신학문을 전공하여 장로교 목사로 재직하고 계셨다.

그의 나의 5살 때 그의 아버지는 돌아가셨고 그의 군수인 백부에 의해 생활이 이루어졌으나 부유한 편이였다.

그는 어려서부터 재롱둥이로써 총기가 있고, 매사에 사물 판단력이 올바르고 해서 귀여움을 독차지 하며 컸다.

그가 2살 되던 1928년에 백부가 황해도 군수로 전근이 되는 바람에 그는 어머니와 함께 백부를 따라 황해도로 가게 되었다. 그는 2살~12살까지 10년간 황해도 생활을 하게

1959년 「초혼」

되었다.

그는 황해도 심상소학교에 입학하게 되었고 또한 그 소학교 때의 그는 예능계 에서는 가장 유능한 학생으로 인정을 받게 되었다.

학예회의 사회자 노릇, 연극, 주로 아동극에 뛰어난 재능을 발휘했고 노래에도 뛰어난 재동이었다.

그는 가설무대 구경에 점점 몰입되어 그 당시의 명치 좌(명동의 전 국립극장자리), 랑화관(명동극장자리), 종로의 우미관등 점차 활동사진관까지 돌아다니곤 했다.

그는 영창중학교 때 감수성이 민감한 그때 벌써 최승희 전기를 탐독했고, 석정막과 니진스키 전기도 읽어 보았을 정도로 무용에 관심이 매우 컷다. 외형적으로 키도 작고, 목소리도 약한 그에게 연극인 선배들의 충고와 권유로 무용가가 되겠다는 생각을 막연하게 되었고, 무용가로서 마음을 굳힌 것은 앞서 말한 것 같이 니진스키와 같은 키가 작은 사람도 세계적인 무용가가 되었다는 니진스키의 전기가 가장 영향이 컷던 것이다.

그가 연극 보다는 무용가가 되겠다고 마음을 굳히게 한 큰 요소였던 것 같다. 그가 무용에 첫발을 내딛은 것은 1942년 4월 이었다.

그는 무용연구생 모집이란 광고를 보고 찾아간 선생님은 일본서 현대무용과 신흥무용을 공부하고 고국에서 발표회를 가질 계획으로 귀국한 이채옥이라는 여자였다. 그 당시 그녀 나이는 30세 안팎의 팔등신 미인 무용가였다.

이채옥은 그를 마치 친동생처럼, 친아들처럼, 귀여워해 주었고 그런 선생님을 그도 무척 따랐고, 자주 그곳에서 선생님과 함께 잘 때도 있었다. 그 후 가족의 반대로 무용을 지속 할 수 없었다.

그러던 중 1943년에 개성소학교 동창으로 연극을 함께했던 고영숙이 지금의 성북경찰서 근처, 성신여고 밑에 있는 조택원 무용연구소에 나가는 것을 알게 되었다. 그가 조택원의 영향을 받은 것은 1943년 부민관에서 열린 "조택원 발표회"를 보고 나서 부터였다. 그 후 그는 우연히 1946년 시공관에서 열린 장추화 무용발표회를 관람하게 되었고 그의 제자가 된다. 그는 여러가지 무용을 열심히 배웠고 그 중 한국무용이 가장 그의 적성에 맞는 무용이라는 것을 발견했고, 한국무용에 뛰어난 소질을 발휘했다.

「내마음의 흐름」 중에서

이때 연구생 중 송범과는 라이벌 관계에 있으면서도 가장 절친한 사이였다. 그와 송범은 6.25진적까지 그 연구소에 남아 있었고, 또 연구소를 끝까지 지키는 문하생이 되었다. 그 또한 6.25가 터지자 그는 재무부에 다녔다는, 소위 관리직 이었다는 사실로 집에서 운둔 생활을 시작했다. 1954년에 그는 서울로 올라와 1955년 다시 삼선교로 연구소를 이전했고, 성신여고 무용 강사로 1년간 재직도 했으나, 교단생활이 맞지 않아 1년 뒤 다시 그만두고 연구소에만 열중했다. 1955년 그는 돈암동 동도 극장에서 제1회 문하생 발표회를 개최했고, 그때의 프로그램은 정재의 포구락, 군무인 무당춤, 산조 Solo등과 주로 아동 작품이었으며, 이어 1956년, 1957년, 1958년, 1959년, 1961년, 1963년, 1969년, 1970년의 9회에 걸친 문하생 발표회를 가진 바 있다.

1957년 시공간에서 제1회 김진걸 창작무용 발표회를 가졌다. 무용극 "아들이 떠나는 날" 소품으로는 산조 솔로와 아동작품이었다.

그때 출연한 제자들로는 이운철, 민준기, 그리고 부인인 심영자를 들 수 있다.

1961년 무용협회가 결성되자 그는 이사로 선출되었고 부이사장 4년을 거처 현재는 3선 이사장을 역임하고 있다. 무용 활동을 본격적으로 시작하여 그는 산조를 택했다.

산조는 그의 무용생활의 반려다. 그것은 그가 택한 음악이며 그가 만들어 온 춤이다. 동시에 마음을 드러내놓은 고백이고 작품이다. 그의 무용생활 중 중요한 발표회는 그의 개인창작 발표회를 3회에 걸쳐 시공간에서 개최했었고 한국문화예술 진흥원 창작지원금으로 " 김진걸 창작무용공연"을 1975년 시공간에서 가졌다. 1967년 박정희 대통령 내외분을 모신 시민회관 개관 공연때 화관무를 안무 했고 1968년 국립무용단 정기공연인 '향연"을 안무 출연했었고 1969년 '봉선화"를 안무 출연 했었다. 또한 그는 9회에 걸친 문하생 발표회를 가졌고 수차례에 걸친 해외공연과 그의 제자들 공연 때는 특별출연을 했다. 그는 한성대학 제단이사장겸 학장이신 김의형으로부터 전국에 하나밖에 없는 2부제 무용을 실시하여 교육에 전념하였다. 그 후 무용협회 이사장직 ,문화진흥원 지원 심의위원 또한 제3회 대한민국 심사위원, 문예회관 운영위원 ,평화통일정책 자문회의 자문위원 88올림픽 추진위원직을 맡기도 했다. 그는 "토끼와 거북이" 우화를 그리고 자기가 택한 깊은 꾸준히 걷는 자만이 성공한다는 것을 그의 생활신조로 갖고 있다.

그의 제자로는 임미자, 조흥동, 민준기,정명숙, 김세일라, 조카달인 김수남, 문일지, 김숙자, 신의식, 등으로 손꼽히는 무용가들이 그의 제자들이다.

-약   력-

1926년 서울출생

국민대 경제과 졸업

1942-47년 이채옥, 장추화 무용연구소에서 무용수업.

1961-78년 한국 예술 문화단체 연합이사

1973-83년 국립무용단 지도위원

1974-92년 한성대학교 무용과 교수.

1979-82년 한국예술문화단체 총연합회장

1983년 한국무용협회 고문.

1989년 대한민국예술원상 수상.

2000년 유니버설 자문위원.

김백봉(金白峰)
1927–현재

12. 김백봉 (金 白 峰 ;1927-현재)

김백봉은 1927년 2월 12일 평양에서 태어났다.

어릴때 부터 남다른 예능에 재능이 있어서 무용을 배웠다. 김백봉은 평양사범부속 고등학교를 졸업 그리고 평양 명륜 실업여학교를 거쳐 일본 동경 松陰(송음)고등여학교를 졸업 했다.

그녀가 최승희에게 무용을 배운 것은 나이 15세였다. 1939-1943년 약 만4년동안 최승희에게 무용을 배워 최승희 무용연구소를 졸업했다. 졸업과동시 김백봉은 최승희 무용단 단원이 되어 일본 만주 등 아시아 각국을 순회공연 했다.

그후 1946년- 1950년 평양 최승희 무용아카데미에서 창작법을 전공하여 졸업하게 된다.

그 당시 김백봉은 최승희 무용연구소의 부소장 및 상임안무가로 활동하였다.

특히 최승희의 남편인 안막과 김백봉의 남편인 안재승은 형제간 이었다.

1949년 김백봉은 최승희 무용단의 제1무용수로 활약했고 특히 〈화관무〉. 〈부채춤〉은 최승희에게 받은 것으로 타의추종을 불허했다. 화관무, 부채춤은 지금도 김백봉에 의해 제자들에게 이어져 가고 있다. 서울에 김백봉 무용연구소를 설립하여 제자들을 양성하게 된다. 1966년 서라벌 예술대학을 졸업후 1965년부터 경희대학교 무용과 교수로 재직하며 수많은 제자들을 길러냈다. 그녀가 배출한 제자인 중견무용인가 김말애, 윤미라 는 전통과 창작등 위업을 계승하고 있다. 교수로 재직한 긴 시간동안 김백봉은 우리 춤을 보급 발전은 물론 수많은 작품과 공연 활동으로 예술로서 나라에 기여하며 문화 대사로서의 해외공연을 통해 우리문화의 우수성 보급은 물론 국위를 선양했다.

그녀의 대표 춤은 화관무 ,부채춤, 무당춤, 산조 등으로 볼 수 있다. 1996년 김백봉 춤보

존회가 결성되어 이매방 춤 보존회와 쌍벽을 이루는 김
백봉 춤의 모체가 되었다. 그녀의 대표작은 "초립동" 격,
여인도, 보살춤 ,낙천, 제 와 청명심수 등을 들 수 있다.

그녀는 1996년 예악당에서 최승희의 춤만을 재현하
는 대공연을 가지기도 하였다.

김백봉은 1953년 서울시 문화상을 비롯해 캄보디아
문화 훈장 ,대한민국문화훈장, 1988년 서울올림픽 전행
사 공로로 대통령상을 수상했고 대한민국회원으로 현
재는 80순에 가깝지만 서울시립무용단 단 장직을 수행하고 있다.

우린 그녀의 예술인생 60여년 앞에 연령을 초월하는 예도(藝導)를 웅변으로 입증한
바 있듯이 초월하는 구도자의 모습과 70년의 문턱에선 작품 " 청명심수"를 통해 명상, 개
안 ,법열, 공, 환생 의 산조 모음은 춤의 벌거벗음과 무관치 않다. 그녀의 모든 삶은 춤이
며 삶의 축도 춤에 걸었기 때문에 삶 자체가 춤 이였다고 볼 수 있다.

그에겐 세속의 연령이란 한낱 초월의 대상 이였다. 한국이 낳은 세계적인 무용가 최승
희의 업적에 대한 재평가가 활발히 요즘 논의 되고 있다. 최승희가 논의되고 있는 요즈
음 김백봉이 조명되는 것은 그녀가 최승희의 춤을 전수 받은 애제자라는 점 때문이다.

아래와 같은 경력을 통해 한 예술가의 삶에 경의를 표하지 않을 수 없다.

- 학 력 -

1933.4~1939.3 평양사범부속국민학교 졸업

1939.3~1940.6 평양 명륜실업 여학교 졸업

1940.9~1944.3 동경 松陰고등여학교 졸업

1939.4~1943.5 동경 최승희무용연구소 졸업

1946.9~1950.2 평양 최승희무용 ACADEMY 졸업(창작법 전공)

1964.3~1966.2 서라벌 예술대학교 무용과 졸업

1965. 8. 6 대학 부교수 자격취득(학사1018-154)

1983. 3. 28 미국 Union Univ. 명예이학박사학위 취득

- 교 직 경 력 -

1953.3~1965.2 수도여자사범대학(현 세종대) 강사 · 전임강사

1957.3~1965.2 서울예술고등학교 강사

1959.3~1972.2 서라벌예술대학(현 중앙대 예술대학) 무용과 강사

1964.3~1965.2 동아대학교 문리과대학 가정학과 특강초빙강사

1964.3~1965.2 한양대학교 체육대학 무용학과 강사

1964.3~1965.2 경희대학교 체육대학 무용학과 강사

1965.3~1966.2 경희대학교 조교수(체육대학 무용학과 근무)

1966.3~1970.2 경희대학교 부교수(체육대학 무용학과 근무)

1966.3~1973.2 경희대학교 체육대학 무용학과 학과장 역임

1970.3 경희대학교 교수(체육대학 무용학과 근무)

1985.3 경희대학교 체육대학 무용학과 학과장 역임

1992.2. 29. 정년퇴임 (경희대학교 체육대학 무용과 교수)

1995.3~98.2 강원대학교 예술대학 무용과 초빙강사 역임

1999.3~2001, 2 종합예술학교 무용원 명예교수

2001.3~2002. 2 전북대학교 대학원 무용학과 초빙강사

1993.3~現 在 경희대학교 예술디자인대학 무용학부 명예교수

- 예술활동경력 -

년 도	내 용	장 소	
1941	최초 debut작품 〈궁녀무(宮女舞)〉 공연	동경 제국극장	
1943 ~ 1945	최승희 무용단 단원 ; 일본.만주.중국 각국 순회공연	아시아 순회	
1947	제1회 작품발표회	평양 국립극장	
1948	청년예술무용단 단장 ; 소련.동구제국 주요도시 순회공연	동구권 주요도시	
	제2회 작품발표회	평양 국립극장	
	제3회 작품발표회	평양 국립극장	
1950	방소(訪蘇) 예술단 안무자 겸 주역무용수 ; 주요도시 순회 공연	소련	
1962	한국민속예술단 안무자 겸 주역무용수 ; 파리세계민속예술제 참가 후 로마, 아테네, 앙카라 등 순회공연	유럽	

년 도	내　　용	장　　소
1968	제13회 멕시코 올림픽 파견 한국민속예술단 안무자 겸 주역무용수 ; 멕시코 주요6개도시 외 일본(동경.오사카.교토) 등 순회공연	멕시코, 일본

년 도	내　　용	장　소
1975		
1976	미국독립 200주년 기념 경축예술제 참가 한국민속예술단 안무자 겸 주역무용수	미국
	제20회 작품발표회	경희대학교 크라운관
1980	서울 오페라단 정기공연작품 〈Aida : 4막 7장〉 안무	세종문화회관
	한국미술 5000년전 미국 Boston시 전시기념 축하예술제 참가 한국 민속예술단 단장.안무자 겸 주역무용수 ; 8개 주요 도시 순회공연	미국
	제24회 작품발표회	서울 국립소극장

년 도	내 용	장 소
1984	미국 San Francisco 아세아박물관 "Auspicious Spirits : Korean Folk Painting and Related Objects" 초청 공연 안무 겸 주역무용수 ; 4개 주요도시 순회공연	미국
	제28회 작품발표회	경희대학교 고황극장
1986	제101회 전미국체육학회총회(於 : Cincinnati City) 초청공연 안무 및 주역무용수 ; 미국주요도시 순회공연	미국
	서울오페라단 창립 18주년 기념공연작품 〈원술랑 : 전3막3장〉 안무	세종문화회관
	제10회 아세아경기대회 개막식 식후행사작품 안무	올림픽 경기장
	세계평화일제정 경축공연작품 오페라 〈춘향전 : 전5막〉 안무	세종문화회관
1987 ~ 1988	제24회 "서울올림픽"개막식 식후행사작품 안무 총괄겸 〈태평성대〉 안무	올림픽 경기장

년 도	내　　용	장　소
1996	월드컵 유치를 위한 세계문화축제 참가작품 안무	올림픽 경기장 상설무대
	국립무용단 정기공연작품 안무지방 7개도시 순회공연	지방 순회
	시립무용단 공연작품 〈섬광(검무)〉 안무	세종문화회관
	국립무용단 아틀란타 올림픽 공연 안무	서울.미국
1998		
	한성준의 달 기념공연 '전통을 이어가는 젊은 춤꾼들'김백봉류 〈부채춤〉, 〈장고춤〉 공연 안무	국립국악원 예악당

년 도	내 용	장 소
2001		
	김백봉무용단 2002 FIFA WORLD CUP 본선 조 추첨 행사 개막 공연 안무	부산 BEXCO

년 도	내　　용	장　소
2002	부산아시안 게임 문화엑스포 '최승희 국제무용제'특별공연안무	부산 BEXCO
2003	한 · 중 · 일 직능인 경연대회 및 학술발표회 김백봉 무용단 초청공연	센트럴시티 밀레니엄 홀
2004	김백봉 무용단 해외공연	호주 시드니

- 사 회 경 력 -

년 도	내 용
1958. 3~1960. 5	Seoul Flower Association 회장 피선
1958. 3~1960.10	국제극예술협회(I.T.I.) 한국지부 중앙위원
1960. 5~1965.11	서울특별시 문화위원
1961.10~1962. 5	서울시민회관 운영위원
1962. 3~1962.12	공보부 홍보자문위원회 예술분과위원
1962. 3~1962.12	서울특별시 홍보자문위원회 위원
1964. 7~1965.12	한국저작권심의위원회 위원
1968. 5~1969.12	한국민족문화개발위원회(문화공보부) 위원
1970. 1~1970. 5	중앙국립극장 운영위원회 위원
1970.11~1970.11	제 2회 대한민국문화예술상 심사위원
1971.11~1971.11	제 3회 대한민국문화예술상 심사위원
1972.10~1973. 5	사단법인 〈예그린 악단〉 운영위원
1974. 4~1979.10	사단법인 한국유신학술원 이사
1979.10~1979.10	제 1회 대한민국무용제 심사위원
1980.10~1980.10	제 2회 대한민국무용제 심사위원
1981. 5~1985. 8	대한민국 예술원 회원
1981.10~1981.10	제 3회 대한민국무용제 심사위원
1982. 2~1985.12	서울특별시 문화위원
1982. 3~1983.12	문화공보부 정책자문위원(공연예술소위원회)
1983. 3~1985. 7	예술원 예술사, 예술총람 편집위원회 위원
1983. 8~1983. 8	제 15회 대한민국 문화예술상 심사위원
1983. 9~1983. 9	서울특별시 문화상 심사위원
1984. 9~1984. 9	서울특별시 문화상 심사위원
1984.10~1984.10	제 6회 대한민국 무용제 심사위원
1985. 6~1985. 9	남북예술단 교환공연 서울측 안무자

년　도	내　용
1985. 8~1985. 8	제 17회 대한민국 문화예술상 심사위원
1985.10~1985.10	제 7회 대한민국 무용제 심사위원
1986. 8~1986. 8	제 18회 대한민국 문화예술상 심사위원
1987. 8~1987. 8	제 19회 대한민국 문화예술상 심사위원
1987. 9~1987. 9	서울특별시 문화상 심사위원
1982. 3~1988.	88 Seoul Olympic 추진위원회 서울특별시 위원
1984.10~1995.	한일친선 〈雲橋會〉 한국측 이사
1986.10~1995.	사단법인 한일협회 이사
1986.10~1988.	범국민 Olympic추진중앙협의회 대의원
1987. 2~1988.	Seoul Olympic 조직위원회 식전전문위원회 공연분과위원
1988. 8~2000.	제 20회~제 32회 대한민국 문화예술상 심사위원
1992.	김백봉의 〈부채춤〉 명무지정(사단법인 한국무용협회)
1997. 6.27	서울 국제무용제 운영위원
1997.10	Seoul 국제무용제 공연평가위원장
2000. 10	제 22회 서울무용제 평가위원장 역임
2001. 5.11~5.24	제 46회 대한민국예술원상 부문별 심사위원회 역임
2001. 5. 17	2001 서울국제올림픽박람회 문화행사 기획자문위원
1982.12~現　在	일천만 이산가족 재회추진위원회 이사
1975.10~現　在	G.C.S.운동본부 이사(Magnolia Club)
1987. 8~現　在	대한민국 예술원 회원

- 연구경력 -

- 논문

년 도	제 목	게 제 지
1965. 2	무용교육의 이념·지도원리	서 울 : 경희대학교체육대학
1967. 9	66년도 한국무용개관	서 울 : 예술원 (예술지 vol.2)
1968. 8	67년도 한국무용개관	서 울 : 예술원 (예술지 vol.3)
1969. 9	68년도 한국무용개관	서 울 : 예술원 (예술지 vol.4)
1970. 5	69년도 한국무용개관	서 울 : 예술원 (예술지 vol.5)
1972.11	무국적시비론 소고	서 울 : 무용한국사 (무용한국:4~4)
1979.11	고려무 논고	서 울 : 한국연극협회 (한국연극 4권 4)
1984.12	日本 家元制度 爲傳統保全 影響研究	서 울 : 경희대학교체육대학 (체육대학 논문집 13)
1986. 5	내폐기 형식미조형의 사적배경 비교연구	서 울1 : 예술원 (예술논문집 25)
1990. 1	한국무용 形개념의 원리분석	서 울 : 경희대학교체육대학 (체육학회 논문집 제18권)
2003. 5. 30	『韓國舞踊史에における舞踊家崔承喜の 位相』 (森永道夫先生古稀記念論集"芸能と信仰の 民族芸術")	일본 : 和泉書院

- 수상경력

년 도	수 혜 내 역	기 관
1957.10	무용부문 교육공로상	기술공로표창회
1964. 8	문화훈장(1급)	캄보디아국
1968.12	국무총리표창 (MexicoOlympic공연예술활동 유공)	대한민국 정부
1975. 9	1974년도 대한민국 예술원상 (무용부문 공로상)	대한민국 예술원
1981.10	대한민국 문화훈장(보관)	대한민국 정부
1982. 4	무용대상(한국무용부문)	무용한국사
1988.11	국제 Lions Club	무궁화사子大賞(금상)
1989. 4	대통령표창(88 Olympic 개폐회식유공)	대한민국 정부
1990.12	예술문화대상	(사단법인) 한국예술문화 단체총연합회
2000.11	예술상	한국무용학회
2004. 6.27	서울무용제 특별공로상	사단법인 한국무용협회
2005.1.24	2004년을 빛낸 무대예술인상 무용부분	(사단법인) 무대예술 전문인 협회

최 현(崔賢)
1929-2003

13. 최 현(崔賢.1929-2003)

- 수려한 춤 사위속의 고고한 춤꾼 -

　최현이 태어난 곳은 경상남도 부산시 영도구 영선동 226번지, 때는 1929년 12월6일 새벽 아버지 최재용(崔在龍.39) 어머니 이말엽(32)의 오남매 중 넷째 아들로 태어났다. 1936년 그가 8살 되던 해 영선 국민학교에 입학하였을 때는 이미 가세가 어려웠다. 그러던 1938년 7월4일 그가 10살 되던 초여름 병고를 이기지 못한 채 아버지는 세상을 떠나셨던 것이다. 그런 수 恨에 뭉쳐 올바른 성장을 해야 된다고 마음속으로 다짐했다. 그러나 그는 4학년 때

1951년 마산 상고 1학년 때 「본선하」 연극을 마치고

학교를 포기할 수밖에 없었다. 그의 어머니의 교훈은 항상 남에게 예의 바르게 하고 행동함에 있어서 아버지 없는 자식이라는 말을 듣지 않도록 노력하라는 말씀이었다. 1945년 가을 그는 노래를 잘한다는 소식이 동네마다 퍼져 "무지개 악극단"주최로 전국 노래 콩쿠르에 나아가 특등이 되었고 헌병대에서 만났던 정순모가 1등이 되었다. 그들은 "무지개 악극단"단원으로 1년 정도 지내다가 해체가 되었다. 그 후 가극단 생활을 거쳐 공연을 했다. 그는 마산의 김해랑 선생을 찾아갔다. 김해랑은 삼대독자이자 마산의 유지 집안이며 일본 유학시절 석정막에게 무용을 공부하고 최승희, 조택원에게도 짧은 기간이지만 춤을 배워 예술에 대한 일가견을 갖고 있는 한량이었다. 그는 김해랑에게 춤을 배우면서 집안 모든 일을 돌보았다. 김해랑은"〈예술은 가르치는 것이 아니라 몸소 터득해야 한다며〉 기생방의 출입을 자주해 고도로 세련된 몸놀림과 취흥과 분위기의 상황에 따라 손놀림, 발놀림의 현장성에 대한 흥과 멋을 느끼게 할 뿐이었다. 1951년 당시 마산 상업 고등학교 시절엔 연극부장을 하면서 담임선생님인 이두현의 도움으로 수많은 번역극과 창작극을 하면서 각 분야의 예술가들과 친분 관계가 두터웠다. 1952년 그는 음악, 춤,

1956극연화 「시집가는 날」 중에 미연역의 최현

연극에 뛰어난 재질을 인정받아 극영화 주연으로 데뷔한다. 그는 54년에 서울 사대로 편입해 오면서 자취와 하숙하는 친구들을 찾아가 전전하면서 55년 6월 혜화동에 최윤찬 무용학원을 낸 후 제자들을 가르치며 예장동에 있었던 한영숙, 한성준의 승무살풀이 태평무를 배우면서 그해 박금슬께도 우리 춤의 용어 디딤세를 짧게 배우고 정인방께도 "身老心不老"를 배우면서 김천홍에게 궁중무의 특징적인 동작과 "처용무"를 배우면서 지냈다. 그는 58년도에는 영화 출연이 너무 잦아서 혜화동 무용 연구소를 폐쇄하였다. 그 후 59년에 서울 사대를 졸업했다. 61년엔 서울대학교 음악대학에서 체육보다는 무용을 가르치는 것이 좋겠다는 현재명의 의견에 그는 강사로 나가면서 62년에 국립무용단 정기공연에 출연하며 협회에 이사직을 맡고 있으면서 한국 무용에 더욱 관심을 갖게 되었다. 그는 1964년 광복절 기념공연 때 마산에서 "태양과 문둥이"를 공연했고, 1964년 12월20일 조택원씨 무용공연 때 "태양과 문둥이"를 공연했다. 1965년 3월 서울 예원예고 강사로 나가 학생들에게 단계적으로 정립하여 과학적이며 체계 있는 우리 것을 가르쳤다. 그

최현의 「비상」 중에서

해 9월 이두현 대본에 김달성 작곡으로 "초라니"를 공연하고 "홍과 멋"에 찬조 출연하여 몸소 우리 한국 춤이 가지고 있는 정중동의 특성을 느끼면서 추어 보여주었다. 그후 신문화 60주년 기념 무용 제전 및 1968년 11월 25일 박금슬 무용 발표회에 그는 '홍과 멋'을 한바탕 추었다. 1974년 11월 21일 부터 25일 국립극장 준공 기념 공연인 송범의 안무인 '별의 전설'에서 그는 옥황상제로 원숙한 춤사위로써 관객을 사로잡았다. 국립가무단 제3회 공연인 '시집가는 날'을 56년 시집가는 날 미연역의 영화 출연 때를 생각하며 200여명의 출연자들을 영상적인 미학으로서 구성과 안무를 했다. 그 후 그는 TBC 향연 TV 고정출연을 하면서 여러 소품집 등을 만들었다. 계속 TBC 향연에 출연하면서도 75년 4월 13일 한국 민속 무용단 일본 10개 도시 순회공연을 안무 및 출연을 했다. 그때 그가 출연한 작품은 '身老心不老' 가면무였다. 그는 1977년 4월 29일 경상도 김해 극장에서 박정현 무용 발표회에 '비상'을 찬조 출연하였다. 그 후 77년 11월 12일 한국일보 주최 故 조택원의 추모공연에서 그는 ' 身老心不老'를 추어 무대를 지키다 간 고인의 명복을 추모하였다. 그리고 78년 5월 8일, 9일 세종문화회관 개관 기념 예술제 때 '비상'과 '연'을 출연하였다. 평론가 박용구는 이 '비상' 작품의 평을 그의 빼어난 춤 솜씨에 힘입어 객석은 항시 잔잔한 웃음이 그치지 않았고 널리 알려진 원작인 만큼 일관된 판소리조의 창으로 대담한 실험을 할 수도 있어서 아쉬움이 남기는 하지만 코미컬한 한국 무용극의 첫 시도(走者)가 된 것이 틀림없다고 평을 하였다. 그 후 80년 4월 9일, 13일 국립극장 설립 30주년 기념 공연인 '대 춘향전'을 안무하고 80년 4월 30일~5월 6일까지 극립 극단 96회 공연인 '북간도' 안무 등 5월 1일~7일 극단 민예 창립 7주년 기념 '배뱅이 굿' 안무 등 80년 7월1일 부산 시립 무용단 정기공연 "여자 새되어 울다"에 객원으로 출연하였다. 1981년 11월 16일~20일 국립 무용단 제28회 공연 무용극 '마의 태자'의 안무 및 경순 옹으로 출연하였다. 그해 81년 18일, 19일 문화방송 창사 20주년 기념 공연인 뮤지컬적인 마당극 '허생전'을 안무하였다. 그 후 유치진 작'처용의 노래'에 시작적인 연출로 안무하였다. 그리고 국립 창극단 5월 7일~10일에 공연될 '심청'을 안무하였다. 선생님은 언제나 춤과 함께 사는 하루하루를 만족하며 춤에만 전념하면서 오직 무용을 위해 무용의 고된 길을 갈 뿐이다. 홍과 멋이 있는 곳에 그가 있고 그가 있는 곳에 홍과 멋이 항상 뒤따를 뿐이다.

조흥동(趙興棟)
1941–현재

14. 조흥동(趙興棟.1941-현재)

남성 무용가로서, 중진 전통춤꾼으로서 한국무용의 창작적 춤사위와 표현영역을 확대하며 무용사에 뚜렷한 족적을 남기고 있는 조흥동(한국무용협회 이사장, 경기도립무용단 예술감독)선생의 춤 인생 반세기를 결산하는 무대가 마련되어 신춘을 맞은 우리 문화예술계 전체에 화제를 부른다.

유년시절부터 무용 외길 인생을 예고하기라도 하는 듯, 놀이패와 굿판이 벌어지는 곳이면 어디든 따라다니며 마을 춤꾼들의 춤사위에 젖어 살았던 선생은 경기도 이천의 부농의 막내아들(1941년)로 태어나, 아홉 살(1949) 어린 나이에 무용에 입문하였다.

어렸을 때부터 춤에 대한 남다른 재능을 보여온 선생은 전통춤판의 이름 있는 대가들을 모두 찾아다니며 한국춤을 사사하였으며, 당시만 해도 여성천하의 무용계에서 남성으로서의 좁은 입지를 극복하고 자기만의 춤세계를 꿋꿋하게 일구어 온 무용가이다.

- 불꽃처럼 피어 오른 예술혼.., 그 여적(餘滴)을 향하여 -

중앙대학교 예술대학에서 한국무용을 전공한 선생은 '1962'년 국립 무용단의 공연을 시작으로 본격 춤무대에 등장, 그동안 1백 50여회의 작품에 직접 출연하여 한국 남성 무용가로서의 독보적인 영역을 구축해 왔다. 특히, 안무가로서 40여편의 작품을 직접 안무하며, 한국춤의 표현영역을 끊임없이 확대해온 것은 무용 외길을 걸어온 그의 굵직한 공적 가운데 하나로 꼽힌다.

전통춤의 남성화를 꾀하며, 새로운 춤사위를 개척하기 위한 그간의 열정은 한국 무용계에 신선한 파문을 불러일으켰고, 가장 한국적인 춤사위를 가장 많이 갖고 있는 무용가로 평가받으며, 선생은 이 시대의 진정한 춤꾼으로 자리 매김 되고 있다. 그리고 전통의 단단한 뿌리를 기반으로 창작된 일련의 작품들은 오늘의 전통춤이 외국의 춤 양식에 왜곡되는 것을 철저히 막고자 하는 그의 인식과도 무관하지 않는다.

- 한국 춤사위를 가장 많이 보유한 무용가 -

특히 선생의 춤은 자연스러운 춤사위와 풍부
하고 진중한 표정이 잘 드러나는 특징을 지녔으
며, 기품 있는 외모와 균형 잡힌 체형은 무대에
서의 화려함으로 남성춤꾼의 매력을 십분 발휘
하고 있다. 또한 선생은 한국 전통춤의 독특한
매력을 세계 곳곳에 알리며, 1967년 동남아 6개
국 순회공연을 필두로 84년 LA 올림픽 문화축전,
96년 L.A 미주공연 등, 인도, 중국, 일본 등 아시
아 지역과 유럽 각국을 수차례 순회공연 하였고,
국내는 물론 해외공연계에서도 호평을 받으며,
문화예술계의 첨병으로서 그의 열려있는 작가정
신은 모든 사람의 귀감이 되고 있다.

1994년 국립 무용 단장 겸 예술 감독을 역임한 선생은 2000년 10월 문화훈장 목련장
(문화관광부) 수상, 현재 한국무용협회 이사장으로, 경기도립무용단 예술 감독으로, 그
리고 경희대 상명대학교를 거쳐 현재 국민대학교 초빙교수로 재직 중인 우리 시대의 대
표적인 남성무용가로서 수많은 제자들을 배출하고 있는 진정한 교육자이다.

- 대한민국 예술원 회원 선정 기념 무대 -

특히 이번 무대가 뜻 깊은 것은 그간의 우리무용계 발전을 위한 각고의 노력을 인정받
아 지난 2003년 대한민국 예술계의 아카데미로 불리는 예술원 회원으로서 우리 무용계
를 대표하여 당당히 최연소로 선정되는 쾌거를 이룩하여, 이를 기념하는 축하무대로서
도 한층 그 무게감을 더하게 될 것이다.

그의 무용의 특징

진쇠춤과 한량무 이다. 진쇠라 함은 우리고유 타악기인 꽹과리를 말하며 가장 소리가 잘나는 쇠 즉 창쇠라는 뜻을 가리키는 말로 " 진쇠춤"은 쇠를 들고 절묘하게 가락과 소리를 내어 여러 신들을 불러들이며 그 신들로 하여금 잡귀를 물러나게 한다.

나라에서는 국민의 태안과 사회연풍을 노래하고 팔도원님들이 왕 앞에서 국운을 빌며 제사지낼 때 진쇠춤을 추었다. 한량무는 본래 극적인 요소가 가미된 춤으로 한량, 주모, 각시, 노등 동자춤 등으로 구성되어 시류를 풍자한 춤이었으나 세월의 흐름에 독무로 변하여 독립된 남성춤의 대표라 할 수 있는 옛 선비의 춤이다. 이 춤은 청송곡으로 시작 하여 진양조, 중모리, 중중모리, 엇모리, 자진모리 그리고 청송곡으로 맺는다.

- 약 력 -

1964년 중앙대학교 예술대학 졸업.

1965년 중앙대학교 사회개발대학원 수료.

1966년 동명여자고등학교 교사역임.

1982년 한국무용 평론가협회 회원. 한국남성 무용단 창단.

1990년 국립무용단 상임 안무가.

1991년 한국무용협회 이사장.

1992년 중요무혐문화재 제 29호 태평무 이수자.

1993년 국립무용단 단장 겸 예술감독.

1995년 태평무 보존회 회장.

2000년 문화훈장 목련장 수상.

2000년 한국무용협회 이사장 역임.

2001년 경기도립 무용단 예술감독.

2003년 국민대학교 공연예술학부 초빙교수. 대한민국 예술 회원.

현재; 경기도립무용단 예술감독

배정혜(裵丁慧)
1944년-현재

15. 배정혜(裴丁慧.1944년-현재)

- 8세 때 무대에 선 신동(神童) -

배정혜(본명 배숙자)는 다섯 살 때(1949년)장추화 무용연구소에 최연소자로 입소해서 춤을 배우기 시작했다. 배정혜가 원주 군인극장(1952년 6월, 박성옥 안무) 무대에 선 것은 8세 때(1952년)였다. 그때 찬조 출연한 무용가가 김미화, 김민숙, 최희선이었다. 「노들 강변」, 「전우의 시체」, 「초립동」이 레퍼토리였고, 무용극「백결선생」에서 배정혜의 역은 학이었다. 이 공연은 같은 해 7월, 「배숙자 무용 공연」이란 제명으로 충주, 청주를 순회 공연했었다. 1953년 배정혜는 종로초등학교 3학년생으로 김백봉 무용연구소에 다녔고, 1954년에는 1회 전국무용콩쿠르에서 「승무」를 추어 1등에 입상했다.

배정혜가 12세 나이에 큰 극장(시공관)에서 1회 무용발표회를 가진 것(한국소년운동 자연맹 주최, 조선일보. 경향신문 후원)은 1955년인데 「황진이」, 「농촌풍경」, 「남아의 의지」에는 이숙향이 출연했고, 「참새 춤」, 「통일기원」, 「부채춤」, 「미개인의 형태」, 「가면무」, 「장구춤」은 배정혜의 솔로였다. 안무는 최현. 조광, 무대미술 임명선, 의상은 노라노가 맡았으며 특별 찬조출연은 조광, 권려성 무용연구소 단원들이었다. 그 당시로서도 특기할만한 사건이었다.

'장추화, 조광, 김백봉 스승들의 지도 밑에 무용을 전공했다는 바 그 앙증스럽고, 간드러진 춤은 만장의 관객을 도취시켰고, 1955년 4월 10일자 중앙일보에는 이런 기사가 실려 있다.

배정혜의 무용 활동

배정혜는 여세를 몰아 전주, 광주, 목포, 군산, 대전, 진해, 진주, 부산, 수원, 춘천 등 1년간 전국을 순회공연 했다. 배정혜는 그 당시 일본에서 귀국한 조광에게 발레를, 최현에게 한국춤을 배웠고, 최희선, 신영자 등과 자주 무대에 출연했다. 배정혜가 춤의 길을 걸었을 때 그에게 영향을 준 후견인들 중에는 배명균을 꼽을 수 있다. 배명균은 첫 발표회를 기획했고, 2회 공연 때부터는 안무도 맡았다. 김성업은 이사도라 던컨, 마리뷔그만 등의 춤을 신문 문화면에 기고한 당시 인텔리로 배정혜의 후원자였다.

중앙여중으로 진학한 배정혜는 16세 때2회 무용발표회를 가졌는데(1958년 시공관, 한국, 조선, 서울신문 후원) 강석(姜汐)이 찬조 출연했고, 레퍼토리는 다음과 같다. 「천국과 지옥」(안무 배명균, 관음보살 역 배정혜, 그밖에 지옥의 여자 이숙향, 화신(火神)박미리, 불꽃 오영애 외). 「성냥파는 소녀」(안무 조광, 성냥파는 소녀 역 배정혜, 눈의 精강석).

배정혜 「불의 여행」

그밖에도 배정혜는 소품으로 「풀잎」, 「원시림」, 「춘수(春愁)」, 「탈춤」 솔로를 추었으며, 「장장추야」, 「녹두도령」(최명옥), 창작발레 「사냥꾼」(안무. 출연 강석) 등에 출연했다. 「성냥파는 소녀」는 안데르센 동화를 조광이 2인무로 안무했던 작품이다. 「천국과 지옥」은 「승무」를 현대적인 해석으로, 강강수월래가 주제인 「갯마을 처녀들의 죽음」(2막 3장)은 당시로서는 보기 힘든 극무용이었다. 서울신문은 「현대적 감각의 민족무용」이란 제목으로 2회 공연을 소개했다.

'시공관에서 대성황 속에 베풀어진 배숙자 2회 무용발표회에서의 배양의 「포즈」, 「천국과 지옥」이란 타이틀이 붙은 이 춤은 우리의 민족무용인 「승무」와 「수건춤」을 현대적인 감각과 극적 이미지로 되살린 새로운 시도의 하나였다……,'

배정혜는 같은 해 한국관광공사 초청(공보실 후원)으로 지금은 불타버린 원각사(圓覺寺)에서 특별공연을 가졌으며, 1959년에는 「불새」(스트라빈스키 곡), 「풀잎」, 「북춤」(숙대 강당)을 10월에는 조광 귀국 발표회 「세레나데」 등에 출연했다(이대 강당). 1960년 재일 교포 거류민단 초청으로 배정혜는 일본으로 건너가 동경, 나고야, 오사카 등지를 6개월간 순회 공연했다.

숙대 졸업 전 창작무용 발표회

숙대 국문과 졸업반 때 배정혜는 3회 창작무용발표회(명동 국립극장)를 가졌다. 당시 입장료는 3백 원, 이대 무용과 졸업생인 정은수를 위시해 중앙여고 재학생 박희진, 윤문숙 등이 출연했는데 지금까지 무용계에서 활동하고 있는 현역은 한 명도 없다.

1부 「고궁의 오후」, 「가랑잎」, 「선선(扇仙)과 「광검(光劍)」은 군무였고, 배정혜는 솔로 두 작품 「송도의 시정」, 「백팔염주」를 춤추었다.

2부는 3인무 「청산별곡」, 「흐르는 거리에서」 그리고 배정혜가 군무 「버들피리」에 합세했으며 「혼령」, 「주마등(走馬燈)」 솔로를 추었다. 배명균 암무. 배정혜 구성(이때부터 배정혜는 안무 감각의 시야를 넓혀 나갔으며 20대 초반 큰 무대를 밟았던 그는 리을 무용단의 산파역을 거쳐 국립국악원 무용단, 서울시립무용단의 대식구를 거느린 한국

무용계의 대모가 된다), 음악의 성금연, 창에 김규희. 묵계월의 스태프진이 눈길을 끈다. 같은 해 11월 시민회관(지금의 세종문화회관)공연 때 "춤과 벗하며 살아온 지 어느덧 20년……"이란 인사말은 그의 조숙함을 말해준다.

무용가 김백봉은 3회 배정혜 춤을 보고 '정중동의 미'를 극찬했다. 1969년 신문 평란에는 배정혜의 춤을 가리켜 '율동과 가락, 선의 지고함'이라고 논평했다.

1969년 내가 무대에서 만난 배정혜 작품 「가랑잎」은 여러 개의 가랑잎들 중에서 양손에 부채를 들고 춤추었던 마지막 가랑잎(배정혜)이 돋보였고, 그때부터 배정혜를 눈여겨보기 시작했다.

육완순은 서울신문(1969년 12월 11일자)에 '배정혜의 창작무용 발표회는 퍽 이채롭다. 그의 춤은 깨끗하고, 섬세하며 독특한 멋이 든 춤이라고 하겠다. 공간 이용과 구성에 있어서 여유 있는 처리를 보였으며, 감정표현에 있어서도 예리한 묘사와 다채로움을 보였다. 배정혜가 오랫동안 연마해온 기교는 놀랄 만큼 정확하다.

한국무용과 현대감각의 하모니를 꾀한다는 것은 상당히 어려운 과제다. 자칫하면 우리 고유의 멋을 잃게 되는 것이 보통이다. 혁신도 필요하지만 표현하려는 주제의 빈곤이 더욱 문제라고 본다. 이번 춤 안무에 있어서 좀 더 욕심을 부려 본다면 심오한 예술성의 구현이 아쉬웠다. 표현 형식에 있어서도 다이내믹한 이미지의 창조를 위한 이른바 감정의 클라이맥스로 도달하는 움직임의 연속성이 부족하다고 생각된다. 동작의 트랜지션에 있어서도 더욱 충실을 기하여야 하겠으며 포메이션을 만들기 위한 무의미한 움직임은 피해야겠다'고 평을 썼다.

박외선(朴外仙)은 배정혜 춤을 보고 「70년대 무용계 전망」이란 글에서, '배정혜 양의 한국 춤은 민족의 정서와 사회적 풍습을 현대적인 수법으로 미화시켰으며, 그의 훈련된 움직임은 희망적이었다. 앞으로 우리나라 민속무용도 델리케이트한 내포적인 미를 살리는 데 그 사명이 있을 것이며, 고전 전통을 살리는 현대화라야 할 것이다'라고 썼다. 배정혜도 한국춤 현대화 작업에 대해 그의 소신을 「무용한국」지에 피력했다.

'고전과 현대의 차이는 진실한 의미에서 그 겉모습에 있는 것이 아니라 그 사상에 있는 것이 아닐까. 정확한 규제의 각도로 선율을 만들고 순서를 지정한다면 그때는 엄격한 각

배정혜 「떠도는 혼」

도와 순서를 갖춘 또 하나의 다른 춤이 발생하게 되는 것이며, 한국 춤과는 저만큼 떨어진 다른 서열에 끼게 되는 것이다. 한국 춤의 현대화 작업에 다시 한번 강조하거니와 성급한 형식의 시정보다는 옛 것을 참담게 수렴하고 느껴서 활용해야 한다. 오히려 일정한 테두리와 고집스러운 범주가 없기 때문에 광범위한 여타(우리 춤이 무한히 발전할 수 있는)가 풍부하며, 주제의 표현에 따라 춤의 다양한 변화를 시도할 수도 있다.'(「무용한국」1974년 12월호, 「한국무용 현대화의 문제점」,P.84)

배정혜의 작품「타고남은 재」에 대한 여러 평들

　배정혜가 선화예술학교와 인연을 맺은 것은 1971년(배정혜는 뒤늦게 숙대 대학원에 적을 두었었다.)이다. 1974년 대학원을 나와 선화예술학교 무용부장을 맡았고 1975년 선화무용발표(1회)를 주도했다. 그때 국립극장 무대에 올린 안무 작품이 「빙판」, 「정원의 오후」, 「농촌풍경」, 「탈춤」 등이었다. 「신로심불로」는 60년대 최현이 독무를 춤췄던 수작인데 (평론가 박용구는 「신로심불로」보다 최현이 춤춘 「문둥이」를 높이 평가했다) 배정혜의 객원 안무 역시 출중했었다. 배정혜가 뜻한 바 있어 다시 공부하는 자세로 한영숙에게 「승무」, 「살풀이」를 사사 받은 것은 1976년이다. 「한국 춤 기본 훈련법」을 그는 창안했고, 실기에 원용했다. 이에 관한 연구논문도 발표했었다. 또 같은 해에 황재기, 이정범에게 농악을 사사 받았다.

　배정혜의 춤 인생에 있어서 한국 무용사에 남을만한 걸작이 안무된 것은 1977년 4회 창작무용발표 때 「타고남은 재」였다. 배정혜는 그 해에 「등심연곡」, 「부채춤」, 「검무」 등을 새로운 시각으로 안무했었고, 김천흥에게 「양주탈춤」과 「춘행전」을 배웠다. 「타고남은 재」말고 레퍼토리는 「심청의 노래」, 그리고 소품 「풀잎」 등이었다. 1977년 문화계 주역으로 부상된 뒤 경향신문과의 인터뷰에서 배정혜는 이렇게 소감을 말했다. "춤은 제가 살아 있다는 확인이나 같습니다. 「타고남은 재」는 세 살 때부터 이제까지 춤추며 체험했던 모든 것을 쏟아 넣었다고 생각합니다."(경향신문 1977년 12월 26일자 인터뷰)

　배정혜의 신작 「타고남은 재」는 평단에서도 '그 해의 최우수작'으로 지목되었다. 무한한 예술적 깊이가 춤에 담겨 있고, 앞으로 한국 춤이 나가야 할 방향을 제시했다는 긍정적 반응이었다.

　'배정혜 안무 「타고남은 재」는 인간이 태어나기 전 명(暝)의 세계, 태어나고 나서 사랑, 욕망, 질투, 소유욕과 경멸을 다룬 색(色)의 본능, 승무의 춤사위를 접목시킨 멸(滅)의 종장이 압권이다. 배정혜의 춤 세계(그가 강조한 우리 춤의 현대화 시도)는 그의 춤 입문의 이력을 떠나 정악 「수제천」의 아름다움을 일깨워 주었고, 김소희가 부르는 「심청가」와 춤의 어우러짐은 별미였다'고 「심상」지에 썼다.(시 월간지 「심상」, 「공연 리뷰」, 1978년 1월호, 김영태)

「타고남은 재」는 1977년을 마무리하는 회심의 연작이었다. 평단의 반응이 그것을 입증했다.

'배정혜 안무 「타고남은 재」는 한국 춤의 지평을 열어주는 한 가닥의 빛을 던져 주었다. (중략) 홍신자의 「제례(祭禮)」가 드라마틱한 인간 격정의 육체적 수렴이라면 문일지의 「작법(作法)」이나 「승무」는 전통무용에 대한 학구적인 모색에서 얻어진 지적인 무대화 작업이었다. (중략)홍신자나 문일지와 비교할 때 배정혜는 가장 어려운 조건에서 돌파구를 찾고 춤의 지평을 열었다.

한국 춤의 지평을 여는 한 가닥 의 빛이 된 「타고남은 재」로 배정혜는 주목할만한 무용가의 한사람이 되었다.'(「춤」1978년 1월호, 「배정혜의 작품세계, 지평을 여는 한 가닥의 빛」, p.26, 박용구) '배정혜의 춤 1부 「타고남은 재」는 우리 민족이 다듬어온 정밀(情密)하고 유현(幽玄)한 세계를 드높은 차원에서 구현하였고, 모든 애환이 표면적으로만 처리되던 이제까지의 춤에서 깊이 담기고 고여 그 곳에서 은근하게 빚어져 스며 나오는 우리 춤의 참 멋을 맛볼 수 있게 하였다. 「타고남은 재」에서 우리는 추리 춤의 신기원을 이룩한 또 하나의 위업을 볼 수 있었고, 기백을 뼈대로 하면서도 흥과 멋을 훌륭히 살려낸 남성 무를 개발해서 보여준 것은 참으로 치하할 만 한 일이며, 우리 춤의 기품을 다시 되찾아 주었다는 점이다.

마지막 장면에서 라이트를 페이드 아웃 시키고 엷게 명멸하는 박명 속에서 너울거리는 승무로 막이 내리게 한 수법은 무대의 향기와 차원을 높이는데 도움이 되었다. 새로운 불꽃이 피어나는 우리 춤의 앞날을 길이 비쳐주는 서광의 작품임에는 틀림이 없다.'
(「춤」,1978년 1월호, 「어둠 속을 비치는 새로운 불빛」, p.31, 이순열)

'배정혜의 작품 「타고남은 재」는 한마디로 지금까지의 우리 춤을 높은 예술의 차원으로 끌어올린 놀랍고도 영감 적인 춤이었다. 돌파구를 찾아 헤매던 신 무용 50년이래 배정혜의 춤 시도는 정통을 찌른 1977년도 우수작의 개가라 할 수 있다.(중략) 문일지의 춤이 우리 춤 원형의 의미를 분석하여 논리적으로 합리화시키는 이른바 원형에 대한 재해

석이라는 학구적인 것에 기초를 두고 있다면, 배정혜도 원형을 재해석한다는 점에서는 같으나, 원형에 대한 객관화가 아닌 자기 주관을 강하게 투입시켜 또 다른 하나의 원형을 만들고 있다.(중략) 배정혜의 춤은 영적이고 천성적이라 할 수 있다.' (「춤」, 1978년 1월호, 「차원을 달리한 배정혜의 영감적인 춤」, 정병호)

배정혜는 1977년 한 해를 결산하는 문화계 인물(중앙일보 12월 14일자)로 음악가 강석희. 박민종 등과 같이 주목받는 무용인으로 선정되었다.

- 주요 약력 -

1968 ~ 1989년 국립 국악원 상임 안무자

1989 ~ 1998년 서울 시립 무용단 단장

2000 ~ 2002년 국립 무용단 단장

또한, 2004년 11월 리을 무용단 창단하여 20주년을 기념하는 공연을 하였다.

대표작으로는 "타고남은 제"(1977), "유리도시"(1980), "불의 여행"(1990), "떠도는 혼" 등이 있다. 그녀는 스승인 삼촌에게서 몸의 훈련이 얼마나 중요한지를 깨달았다고 하였으며 특히 신체 훈련의 핵심인 "바 기본 훈련법"을 창안하여 한국무용의 기초 및 훈련 교육에 노력하였다.

김매자(金梅子)
1945 – 현재

⋮

16. 김매자(金梅子. 1945 - 현재)

　대한민국 강원도 고성에서 태어난 김매자는 12세 때 처음 춤과 인연을 맺은 후 부산과 서울에서 계속 우리의 전통음악과 춤 무대기법을 익혔다. 이후 한국춤의 대가들에게서 전통무용의 핵심을 이루는 궁중무용과 불교 의식무용, 그리고 민속무용과 무속춤 등을 두루 공부했으며 무형문화재 제 27호인 한영숙류 승무의 이수자이기도 하다. 한국 창작춤의 선두주자로 인식되어진 그녀이지만 창작활동뿐만 아니라 승무나 작법 등의 전통춤의 해외 공연을 통해 세계적인 매스컴의 격찬을 받기도 했다. 초기의 한국 전통춤을 연구하고 복원하는 작업을 시작으로 그 전통의 토대 위에 한국 창작 춤의 틀을 마련하는 작업을 시도해 왔으며 그리고 그 이후에는 이렇게 체계화 된 한국 창작춤을 세계화 하는 작업을 단계적으로 진행해 왔다.

　이화여대 무용과 재직 중에는 후진들을 양성하면서 전문무용그룹인 창무회를 창단했고 한국최초의 무용전용 소극장인 창무춤터를 만들었으며 한국무용의 국제무대 진출을 위해 꾸준히 해외공연을 지속하고 있다. 그 후 무용페스티벌, 무용연구 단체 등을 만들어 한국 무용 발전에 기여해 오고 있으며, 〈꽃신〉, 〈춤본〉, 〈심청〉, 〈하늘의 눈〉등의 창작작업으로 세계적인 댄스 페스티벌에 참가하면서 안무자와 춤꾼으로서 기량을 선보이고 있다.

　김매자 춤의 특징은 한국적 전통에 근거하고 있으면서도 그것을 오늘의 우리 현실에 맞도록 강한 실험정신으로 현대화한 것이라는 평을 듣고 있다. 지금 우리가 살아가는 오늘 날의 모든 것을 한국 춤으로 표현해내는 김매자는 우리 창작 춤이 미학적으로나 국제적으로 가능성이 크다는 점을 가장 먼저 인식하고 선두에서 세계인들이 공유할 수 있는 수출용 작품들을 지속적으로 생산하여 해외공연 활동을 해왔을 뿐만 아니라 각국에서 우리 춤 강습회를 개최하고 여러 대학에 한국 춤 반을 개설함으로써 외국인들에게 우리 춤을 호흡할 수 있는 기회를 제공하여 그들과의 움직임을 통해 우리 춤의 세계화를 다시 한 번 확인하고 다듬는 작업을 해오고 있다. 또한 해외공연에서는 자국의 자연악기를 사용한 전통음악을 배경으로　우리 춤을 공연함으로써 음악과 움직임 및 호흡에서 발견되

는 그들과의 상통점을 찾아내고 모두가 공감할 수 있는 예술로서의 우리 춤을 발전시키고 있다.

그녀는 창무예술원 산하 창무회, 몸, 포스트극장, 창무 Institute를 이끌면서 한국창작무용의 선두주자로서 우리문화의 국제 무대 진출을 위해 꾸준히 해외공연을 지속하고 있다. '꽃신', '춤본', '하늘의 눈', '심청', '얼음강'등의 창작 작업을 통해 프랑스 리옹댄스비엔날레 등 세계적인 댄스페스티벌에 참가하면서 안무자와 춤꾼으로서 기량을 발휘하고 있다. 김매자의 춤의 특징은 한국적 전통에 근거하고 있으면서도 그것을 오늘의 우리 현실에 맞도록 강한 실험정신으로 현대화한 것이라는 평을 듣고 있다. 지금 우리가 살아가는 오늘 날의 모든 것을 한국춤으로 표현해내는 김매자는 우리 창작춤이 미학적으로나 국제적으로 가능성이 크다는 점을 가장 먼저 인식하고 선두에서 세계인들이 공유할 수 있는 수출용 작품들을 지속적으로 생산해왔다. 또한 세계의 많은 국가에서 해외 공연활동을 해 왔을 뿐만 아니라 각국에서 우리춤 강습회를 개최하고 대학에 한국춤반을 개설함으로서 외국인들에게 우리춤을 배울 수 있는 기회를 제공하여 그들과의 움직임을 통해 우리춤의 세계화 작업을 앞장서 해오고 있다.

- **학력 및 경력** -

1965 이화여자대학교(한국무용전공) 졸업

1970~92 이화여자대학교 무용과 교수

1982~91 (사)한국무용연구회 설립 및 초대 이사장

1993~현재 북경무용대학 "조선무용과" 명예교수

2000. 3. 14 일본 야마모도 야쓰에상 수상

2000. 8. 일 · 한 재단 교류 기금상 수상

2001. 10 심청 안무 및 출연

- 주요안무 -

〈숨〉〈땅의 사람〉〈비단길〉〈꽃신〉〈춤본〉〈하늘의 눈〉〈심청〉 등

- 주요논문 -

한국 무용의 방향정립을 위한 이론적 고찰 (1973)

한국 공연예술의 역사적 사회적 가치

(하와이 대학교 한국학 연구소 주최 심포지엄 주제발표, 1981)

궁중무용에 나타난 한국인의 미의식(정신문화연구원,1983)

순수 예술과 대중 예술

(한국 평론가협회 주최 심포지엄 주제발표, 1987)

- 주요저서 및 번역서 -

〈한국의 춤〉〈한국무용사〉〈세계무용사〉〈무용인류학〉

문일지(文一枝)
1945–현재

17. 문일지(文一枝.1945-현재)

무용가 문일지는 1945년 출생으로 부모님의 열정적인 교육열에 힘입어 6세부터 무용을 배워왔다. 그녀는 서울 예술고등학교를 거쳐 서울대 및 동대학원, 한양대에서 박사학위를 취득 했다. 그리고 예술고등학고, 국악원 강사를 비롯하여 자신의 연구소를 설립하여 후진양성에 힘썼다.

1976년 1월 서울 시립무용단 초대 단장으로 임명되어 89년말까지 단장 역임을 하였다. 단장 취임 초부터 서서히 춤 창작 활동을 펼쳐 나갔으며 문일지 후임으로 임명된 배정해가 뒤를 이어 창작 춤의 활성화에 추후 작업을 펼쳤다. 서울시립국악단 산하 무용부가 서울 시립무용단으로 되었다.

특히 그녀는 국악전공자로서 처음부터 창작 춤을 지향하되 그 선결과제로서 전통춤제 발견에 주력하였다. 1982년에 무용단 정기 공연은 한국명무전을 열었다. 이때 레퍼토리는 전통 춤에 비중을 두었고 창작품은 두 편이었다. 80년 중반까지 전통춤공연은 수시로 가졌고 전통춤 재현과 관련하여 그녀는 민족의 정체성과 동일시하는 관점을 밝혔다.

작품 " 맹가 나무 이야기"(87)를 비롯하여 다수의 무용극과 소품 창작 춤을 발표 하였다.

1982년 서울 시립무용단 부설단체로 한국 아카데미를 설립 하였다.

이 단체는 시립무용단이 공립 단체로서의 제약을 벗어나 창작 춤 장을 활성화하기 위한 것이었다.

시립무용단으로 이뤄진 한국 아카데미 발표회가 " 공간 춤 판 "이란 이름으로 89년 40회 이상 펼쳐졌다. 이 단체를 통하여 80년대의 창작무용의 르네상스로 불릴 만큼의 한국무용의 창작 활성화에 지대한 역할을 하였다.

이들의 활동에서는 서민들의 소외와 그들의 내면세계를 다양한 관점에서 조망하는 작품들이 주류를 이루었다.

문일지는 88올림픽 문화공연 참가 및 국가의 중요행사에 공립무용단 단장으로서 무용을 보급하고 발전시키며 우리문화의 우수성을 알리는데 지대한 역할을 하였다.

「맹가나무 이야기」

문지일 「살풀이」

또한 그의 전통보존과 창작무용 개발은 젊은 춤꾼들에게 새로운 도전을 제시 하였고 80년대의 무용발전 창작활성 에 초석의 역할을 이루는데 리더자로서의 사명을 다하였다.

퇴임 후 그녀는 무용을 접고 크리스천으로서 세계복음화 죽어 가는 많은 영혼들을 위해 세계 곳곳에서 진리의 말씀을 전하고 있다.

- 학력 -

1964년 서울예술고등학교졸업

1968년 서울 대학교 국악과 졸업

1970년 서울 대학교 대학원 국악석사

1987년 한양대학교 대학원 이학박사

- 주요경력 -

1974년 서울 시립 무용단 단장

1982년 한국 무용 아카데미 창단

1983년 춤패아홉 창단

1985년 한양대 무용학과 강사

1986년 서울 음대 강사

1986년 서울 아시아대회 조직위원회 기획요원

1986년 대한 체육회 문화 위원

1986년 한국 무용협회 이사

1989 ~ 1995년 국립 국악원 상임 안무가

김현자(金賢慈)
1947–현재

18. 김현자(金賢慈.1947-현재)

예술가이자 교육자 안무가인 김현자는 1947년4월 출생이다 그녀는 어렸을 때부터 끼와 재능이 많았다. 부모님의 교육열 또한 남달랐고 6살 때부터 황무봉 선생님으로부터 무용을 시작해서 김좌진, 김백봉, 송범, 이매방, 한영숙 선생님으로부터 무용을 배웠다. 그녀는 부산여자중고를 그쳐 이화여대 무용과를 졸업했다. 무용뿐만 아니라 외모도 출중하여 많은 사람들로부터 관심의 대상이었다.

김현자는 20대의 나이인 1976년 부산시립무용단의 안무자가 되어 82년까지 주로 소품 및 무용극들을 창작 하였다.

그녀는 한국무용의 획일적인 동작을 벗어나 현대성을 접목시키기 위하여 민속춤의 동작들을 전형적인 미학에 착안 하여 현대 춤 언어로 개발하였다. 그 후 부산시립무용단을 사임하고 부산대학교 예술 대학 무용과 교수로 임명된다. 1984년 대한민국무용제 출품한 작품 "홰"가 대상을 수상했다. 정재만과 함께 창작한 이 작품은 남녀 사이의 갈등을 암탉과 수탉의 갈등으로 독특한 테크닉과 표현력으로 많은 사람들로부터 찬사를 받았다.

여기서의 춤은 전통적인 미감을 갖되 전통적이지 않는 분위기 속에 펼쳐졌다. 이처럼 창작 춤 언어는 전통의 답습이 아니라 현대적 의식이 가미되어져 가고 있었다.

그녀는 1985년 럭키금성(지금 L.G)그룹은 럭키무용단을 창단하여 김현자. 정재만을 공동 안무자로 입명 하였다. 창단공연 "황금가지" 는 상당한 변혁을 일으켰다. 욕망으로 인한 인간상실이 주제인 "황금가지"는 한국무용의 모든 형식과 틀을 깨트렸고 (한복을 벗고 맨발과 타이즈입음) 발레 현대무용과 같은 동작으로 원초적인 몸짓으로 회귀 하려는 것이었다.

1982년 "바람개비" 1989년 "생 춤" 등 은 창작무용의 극장성과 의식보다 기의 흐름에 몸을 맡기는 자유자재의 안무를 발견하는 작업으로 키를 잡았다.

1992년 백남준 비디오 아티스트와 함께 공연을 했으며 1995년 그녀는 다소 이질적인 두 편을 발표 하였다. 이 두 소품은 춤의 근원인 기의 운행에 토대를 두고 의식의 개입을 절제하며 움직임을 재구성 하여야 한다는 의도를 확인해 주었다.

in Ja Kim
Dance Performance

김현자는 한국종합학교 무용원 교수로 제직하며 창작한 군무 " 모란관찰" 과 독무 "십오야"에서 생춤 개념은 춤 언어를 중심으로 재정리 되었다.

그녀는 현재 국립무용단 단장 책임을 맡고 새로운 한국무용의 방향과 다양한 작품으로 무용계의 리더자로 역할을 다하고 있다. 그녀는 한양대학교의 이학박사로서 학문적 이론과 논문 발표 수상경력 등 뛰어난 실기와 안무 능력을 고루 갖춘 우리 한국무용의 리더자임에 누구도 부인 할 자 없을 것이다. 특히 1985년 김현자 아카데미를 통해 젊은 무용가들 발굴지원 및 아카데미를 중심으로 무용평론가들의 층을 형성하는 중요역할을 했으며 국내 및 세계 공연을 통하여 우리문화 예술발전에 리더자로서의 사명을 다하고 있다.

- 약력 -

이화여자대학교 무용과 졸업

부산시립무용단장

럭키창작무용단장

부산대학교 예술대학 무용과 교수

김현자춤아카데미 대표 (87-97)

한국예술종합학교 무용원 교수 (1997~현재)

현 국립 무용단 단장

- 수상경력 -

제6회 대한민국무용제 대상

2002 춤 비평가상

제1회 대한민국 문화예술상 신인상

무용예술 제정 제4회 무용예술상 무용연기상,1996.12

제2회 부산예술 대상

백남준의 퍼포먼스와 김현자의 춤

- 주요 작품 -

현대춤작가 12인전-생춤6.메꽃(호암아트홀),1996.4.27

오셀로-데스데모나역(국립극장 대극장),1996.11.26-12.1

뉴욕 ASIA SOCIETY 초청공연

해 안무 및 출현

여자 새되어 울다 안무 및 출현

탄생 안무 및 출현

다정(多情) 안무 및 출현

생춤 늘 함이 없음을 깨닫고

생춤 다시 없음이 되어

생춤 회일(回日)

제2회 KNUA무용단 정기공연 한국무용 안무(예술의전당 토월극장),1998.10.30-11.1

무용과 의상 그리고 동서양의 소리(문예회관 대극장),1999.17-11.18

일본공연 '춘앵전'(91)

백남준의 퍼포먼스 (92)

김현자의 춤공연 '하루 I ' '하루 II '(92)

국수호 디딤무용단 '명성황후' 주연출연 (94)

백남준 기획 뉴욕 공연 (94)

예술의 전당 김현자 생춤 공연 (95)

오셀로 (국립무용단)초청 주연 출연 (96)

- 논문과 저서 -

생춤 체험의 현상학적 접근

춤의 정.동과 호흡에 관한 연구

한국춤에 있어서의 기무(氣舞)에 관한 연구 II

Authentic Movement와 생춤에 관한 연구

동래 기방무에 대한 연구

- 저 서 -

[생춤의 세계]

이애주(李愛珠)
1947–현재

19. 이애주(李愛珠.1947-현재)

무용가 이애주는 1947년 서울에서 태어났다. 그녀는 7살 때 김보남선생으로부터 무용을 시작해서 한영숙 선생님께 승무, 살풀이를 사사 받아 인간문화재가 된다.

그녀는 서울대학교 및 동 대학원 무용전공 그리고 서울대학에서 국문학을 전공하여 예술적 학문적 깊이를 더 한다.

중요무형문화재 제27호 승무 예능 보유자. 서울대학교 교수. 민주화 교수 협의회 회장.등

그녀는 맹렬한 문화운동가 예술가로 천상 춤꾼이다.

그녀는 전통춤과 함께 탈춤운동을 활발하게 했었다.. 그녀는 미얄 할미춤의 화신이었다.

'봉산탈춤', '강령탈춤', '은율탈춤'(황해도 지방), '통영오광대', '고성오광대', '가산오광대', '수영야류', '동래야류'(경상남도) 등 산대도감 계통과 '북청사자놀음', '꼭두각시 놀음', '박탈' 등 기타 계통으로 나뉘고, 미얄·말뚝이·취발이 등 유형화한 등장인물들이 서로 뒤얽혀들면서 역시 유형화한 과장(科場)들을 구성하는데, 인물과 과장의 정형화(定型化)는 봉건적 한계의 예술적 표현이다.

이애주가 집단 탈춤운동을 꽤 일찍 떠난 것은 그런 예술적 한계를 본능적으로 느꼈기 때문이라고 생각된다. 그러나 그 경험 때문에 그녀의 첫 공개 공연(들)은, 전통 개인무들을 "현대·고전주의 화" 할 수 있었다.

1974. 5. 이애주 춤판 〈승무, 춘앵전, 일무, 봉산탈춤 / 창작춤 땅끝〉, 국립극장 소극장

1980. 10. 이애주 춤 〈승무, 살풀이, 춘앵전, 일무〉, 뉴욕 카네기리사이트홀

1981. 2. 이애주 춤 〈승무, 살풀이, 춘앵전, 일무〉, 뉴욕 한국문화원

1983. 8. 한영숙류 이애주 춤 〈승무, 살풀이, 태평무〉, 공간사랑

그녀와 춤은 하나다. 아니 춤을 매개로 그녀의 영혼과 육체는 하나이다. 춤이 있으므로, 그녀의 몸을 사랑하는 것과 그녀의 영혼을 사랑하는 것, 그리고 그녀의 춤을 사랑하는 것은 하나다. 육체를 매개로 슬픔과 기쁨은 하나다. 아니 춤은 성(性)과 사랑과 성(聖)과 속(俗) 사이 아름다움의 당대적 육화로 존재한다. 한계를 해방의 계기로, 매개성을 목적성으로 전화하면서……. 고전주의 발레 아름다움의 총체성은 바로 이러한 논리와 미학을 토대로 세워진다. 정서를 입은 동작과 리듬의 시간과 공간으로 춤·예술 언어가, 춤 이야기가 펼쳐지고 그것이 쌓이며 춤·예술·역사가 제 몸을 드러낸다. 사회·공동체적인 춤 경험이 양식화를 낳고 양식화한 춤이 다시 사회·공동체 아름다움의 수준을 높인다.

1984. 4. 춤패 '신' 제1회 정기춤판 〈나눔굿〉, 국립극장 소극장

1985. 6. 춤패 '신' 제2회 정기춤판 〈도라지꽃〉, 서울놀이마당

1987. 5. 이애주 한판춤 〈바람맞이〉, 연우소극장

1988. 8. 이애주 한판춤 〈통일춤〉, 히로시마 평화공원

이때는 고전적 지향과 정치적 집중이 절묘하게 결합 '전율의 미학'으로 응축, 폭발했던 때다. 6월민주대행진의 춤적 기념비라 불러 마땅할 이 춤들은 도미부인과 미얄할미의 변증법을 넘어 유관순의 생애를 우리 현대사의 가장 의미심장한 '현재'로 부활시켰다.

1919년 3월 1일, 식민지 조선의 지식인들은 임금을 일제에 독살당한 백성의 거대한 분노를 민주주의 지향 쪽으로 폭발시켰고, 폭발의 엄청난 규모에 경악했고, 혁명가가 필요했으나 혁명가가 아니었다. 민중은 영웅적인 투쟁에 나서고 참혹한 수난을 겪으며 민중적 근대사상에 마침내 달하고, 더 나아가 '영원한 누이' 유관순(1904~1920년)을 통해 '아름다움의 비극'을 역전할 뿐 아니라 백제 도미부인과 조선 탈춤의 미학을 결합, 춘향조차 뛰어넘는, 육체가 정신적으로 존엄해지는 아름다움의 경지를 창조하고 그것을 통해 근대성을 한국적으로 심화한다. 그녀는 겨우 16세에 죽지만, 그러므로 3·1운동의 모든 것을 응축하고, 응축으로써 3·1운동의 '평화적' 한계를 뛰어넘는다. 그러나 더 중요한 것

은, 다시 고전주의와 현장성의 결합이다. 이때 이애주의 춤은 스스로 바람을 불러일으켰을 뿐 아니라 민중의 대함성을 몸의 음악으로 빨아들였다. 가장 민중적이었던 순간을 가장 예술적으로 육화하는, 죽음과도 같은 춤의 '예술-정치성'을 '춤=몸'으로 깨달았던 것이다.

민중가요의 장엄한 '기악=선율', 그리고 흡사 '기악=선율'을 닮아가는 사물놀이와의 만남도 그녀의 춤 예술혼을 자극했을 것이다. 선율, 몸의 기악, 혹은 몸=춤=기악'의 경지라.

1990. 3.   한영숙류 이애주춤 〈승무, 살풀이, 태평무〉, 호암아트홀

1990. 5.   전주대사습놀이 특별 초청공연 〈경기도당굿〉, 전주체육관

1990. 10. 이애주 춤판 〈승무, 살풀이, 태평무〉, 김덕수패 사물 놀이, 여주군민회관, 여주신문사

1992. 2.   동경시와 서울시의 친선공연 〈한판굿(도당굿)〉, '모리'의 게이지쯔 극장

1993. 2.   벽사 한영숙선생 추모제 〈승무〉, 미국 L.A. 한국예술문화단체 미주지회

1994. 1.   이애주 춤 〈승무, 살풀이, 태평무〉, 우리민속 한마당, 국립민속 박물관

1994. 4.   이애주 춤 법열곡 〈불교작법(의식춤), 승무〉, 문예회관 대극장

1994. 6.   〈하늘땅 소리굿 - 진혼굿〉, 하늘땅 소극장

1994. 9.   민속무용의 이해 1 〈살풀이춤〉, 제62회 우리음악 감상교실, 국립국악원

1995. 2.   〈진혼의 춤〉, 광복50주년 윤동주시인 50주기 추모, 윤동주시인 추모위령제, 후쿠오카 형무소 앞 백도서 공원

1995. 5.   〈이애주 춤굿〉, 부처님 오신날 봉축 한마당, 자비의 나라로 불국 정토제, 불국사

1995. 6.   〈天舞〉, 일본 천리대학교 초청공연, 서울대학교 전통예술단, 천리시민회관

1995. 10. 민속무용의 이해 2 〈승무〉, 제73회 우리음악 감상교실, 국립국악원

1997. 5.   제10회 전국민족극한마당 〈승무, 도당굿 살풀이, 사물과 북〉, 인천광역시

종합문화예술회관 소극장

1997. 6.   프랑스 몽루즈시 초청공연 〈살풀이, 승무〉, 세계문화의 집

1998. 12. 8.~9. 이애주 춤 〈살풀이, 태평무, 승무〉, 국립국악원 예악당

1999. 3.   26. 이애주 춤 〈 태평무, 살풀이, 승무〉, 학전

1999. 4. 4. 이애주 춤 〈태평무, 살풀이, 승무〉, 운현궁 일요예술 무대

1999. 5. 8. 이야기와 영상이 있는 춤 〈태평무, 본살풀이, 살풀이, 승무〉, 교육문화회
            관

1999. 10. 6.   다산문화제 검무재연공연 〈칼춤〉, 다산유적지

1999. 11. 6   이애주 춤 〈승무〉, 불교경전교육원, 뉴욕주립대학교 스토니부룩 캠퍼
            스

1999. 12. 22.~23. 맥의 춤 〈승무, 본살풀이, 태평무, 학춤, 칼춤〉, 국립국악원 예악
            당

2000. 6. 28.   한국학 국제 학술회의 특별공연 〈살풀이, 승무, 태평무〉, 한국정신문
            화연구원

2000. 9. 4. 논개 추모제 '논개맞이 추모 춤굿' 〈본살풀이, 태평무, 승무, 논개맞이 추모
            춤〉, 장수군

2000. 12. 26. 한성준 춤·소리 예술제 〈우리춤 기법, 승무, 살풀이, 태평무, 동래학춤,
            도당굿 춤〉, 홍성 환경농업교육관

2000. 12. 28.~29. 전통춤 展 〈우리춤 기법, 승무, 살풀이, 태평무, 동래학춤, 도당굿
            춤〉, 문예회관 대극장

2001. 3. 16.   공간사랑 400호 기념공연 〈살풀이〉, 공간사랑 야외무대

2001. 5. 4. 태초의 춤꾼 이애주 교수 춤발표 〈승무〉, 묵림원, 비엔나 오스트리아

2001. 5. 9. 태초의 춤꾼 이애주 교수 춤발표 〈영상과 춤, 승무〉, Haus der Begegnug
            Konigseggasse 10, 1060 Wien

2001. 6. 13.~14. 일본 문화재 환수 기념 공연 〈살풀이〉, 일본

2002. 3. 17   〈생명의 연어 뿌리기 생태 춤〉, 생명의 연어 살리기 운동, 전라도 장흥

탐진강변

2002. 4. 26. 불교춤과 불교음악 〈승무〉, 대전 백제불교문화대학

숱한 (주로 승무) 강습과 강연, 활동은 차치하고, 더 숱한 국제·국내 협연도 그만두고, 위 개인 공연 목록만 보더라도 의아해할 사람이 많을 것이다. 전통무를 추면 왜 사회변혁운동을 버리고 '전통과 학문'으로 회귀했느냐, 곱지 않은 시선이 없지 않았고, '행사춤'을 추면 돌아갔으면 그만이지 왜 또 나왔느냐, 곱지 않은 시선이 또한 없지 않았다. 그러나 그건 6월항쟁 이래 어처구니없게도 우리 운동사 혹은 문화운동사가 갈수록 낙후해왔다는 증거에 다름 아니다. 왜냐하면 이애주는 김보남, 한영숙 선생에게 고전적 절제미를 제대로 배웠고 '민중=역사'의 '춤=힘'에서 제대로 배웠다. 그 둘을 결합하거나 동전의 앙면으로 체현하는 것은 그녀의 의무 너머 운명이다.

육체는 춤이 사상과 감정을 표현하는 매질이고 육체가 제한적이고 또 원초적이므로 춤은 당연히 '원초성'과 '제한성'을 결합하며 고유한 표현영역을 만들어왔는바, 춤 '예술'의 '사상' 표현력은 특히 문학·사실주의 관점에 비추어 매우 부차적이었다. 고전-낭만 발레의, 아름다운 체조에 가까운 집단무와 행태 묘사적인 성격무, 그리고 감정 교환의 2인무와 감정 표출의 1인무는 분명 문학의 사상표현력에 미치지 못한다. 하지만 현대예술이 인간 존재의 내면을 천착하면서, 춤 예술은 정말 '필설로 표현할 수 없는' 영역을 경이적으로 형상화하고 있다. 그리고 놀랍게도, 이애주의 춤은 또한 그것을 뛰어넘고 있다.

그녀는 분명 한국 무용의 세계 보급 또는 사회적 대변인으로서 표출하는 분명한 이 시대 무용에 춤을 통한 리더자 매김을 하고 있다.

정재만(鄭在晚)
1948–2014

20. 정재만(鄭 在 晩.1948-2014)

정재만은 1948년생으로 경기도 화성에서 태어났다. 그의 부모님은 신앙과 교육열이 강하셨다. 그는 공부도 우수하여 1등을 해오던 신앙심 깊은 모범 소년이었다고 한다.

그는 천주교 산하 초등학교를 다니면서 신부가 되리라 꿈을 갖기 시작했으며 주위사람들도 그렇게 생각했다.

정재만은 서라벌예술고를 거쳐 열여덟 살에 본격적으로 무용을 시작하여 경희대 무용과 및 동대학원을 졸업하였다.

그는 1973년부터 약 8년간 국립무용단 단원을 거쳐 전통춤은 물론 우리 춤 창작의 제2세대로 매김 한다.

정재만은 송범, 김백봉 선생으로부터 무용을 배웠고 또 1968년부터 고 한영숙 선생에게 승무, 살풀이, 학무 등을 배웠다.

1976년 승무 전수조교(현 전수교육보조자)로 인정받아서 현재 중요무형문화재 27호 승무 인간문화재로서 승무 보급과 살풀이 태평무 등 우리전통무용 보급과 발전에 헌신을 다하고 있다. "한성준 선생이 전통춤을 집대성했다면 한영숙 선생은 아름답게 승화시켰다고 볼 수 있습니다."라고 했다.

한국무용가 정재만(숙명여대 교수)은 교육자로서 예술가로서 춤을 통한 교육적 사명과 무용의 전승 노력에 많은 노력을 하시고 계신다.

발표한 논문들 "전통무용의 현대화 당위성1 - 5 (1974 - 1980년)", "한국무용의 미적고찰(1984년)", "춤사위연구 논문들", "예술계발에 대한 연구들", 등 수 많은 논문발표를 하였다. 또한 국내외공연 "88올림픽, 86아시안게임" 미국 (뉴욕, 워싱턴, 시카고, LA), 유럽, 케나다, 일본 등 세계 각국의 민속예술참가 공연, KBS, MBC의 스페셜공연 등 하셨다.

그는 특히 창작무용의 르네상스 시대(1981-1990년)라고 불리는 기간에 활발한 창작무용 활동으로 제2회 대한민국 안무상, 제6회 대한민국 무용제 작품" 홰 "를 김현자와 공동안무로 대상을 수상 하였다.

그 외 " 대한민국 문화대상(2000년), 내무부 장관상, 문화재청 표창장 등 많은 수상 경력을 가지고 있다.

그의 대표작으로" 무용극 순교자 1977년", "바리공주 1978년", "PATA총회기념공연안무", "땅굿안무 1980", "님의침묵 1981년"," 한국명무전 안무 출연", "LA 올림픽 계회식 안무", "문화재단 기획공연" 등 많은 작품을 안무 했다.

그는 또 현재 숙명여자대학교 전통예술대학원에 책임교수로 우리전통문화의 보급, 개발 연구및 후진 양성에 노력하고 있다. 한영숙선생의 맥을 잇는 보유자로서 그는 말한다.

"우리나라의 대표적 무용인 승무는 예술성이 풍부하고 춤사위의 다양성, 사용되는 음악과 장단의 변화성, 장삼소매의 놀림으로 나타나는 아름다운 형태 등이 우리 전통 춤의 미학적 정수를 담고 있다는 평가를 받고 있다. 지금은 경기 · 충청을 중심으로 한 한영숙류와 호남을 중심으로 한 이매방류가 문화재로 인정받아 전승되고 있다. 한성준 선생이 집대성해 '벽사류' 라고도 불리는 한영숙류는 특히 불교의 영향을 많이 받아 한 발 한 발 내딛는 춤사위가 느리면서도 동작이 커 우아한 멋을 풍긴다".

경기도 화성군 출신인 벽사춤 아카데미 이사장 정재만 교수는 한국춤의 원형인 벽사춤에 대한 보존과 보급 그리고 객관화 · 체계화 등을 위한 일련의 계획적이면서도 장기적인 노력으로 아카데미 본부를 마련하여 무용의 대중화 · 무용의 세계화 등을 위한 자

중요무형문화제 제27호 예능보유자 정재만의 승무중에서

승무

료관 및 원로 무용가 동상제작 등 보다 많은 사람들에게 한국 전통무용을 보급시키고자 하는 데 큰 뜻을 두고 추진하고 있으며, 경기 지역에 대한 남다른 사랑으로 예로부터 전해지던 경기 재인청 화성권번과 같은 교육기관의 본부를 동향에 건립하는 데 큰 꿈을 갖고 있다.

정재만 선생은 훌륭한 제자들을 많이 길러내어 이 제자들이 큰 재목이 되어 사회에 나아가 많은 기여를 하고 있으며 후학 양성을 위해 필요한 각종 귀중한 무용자료 및 원로들의 데드 마스크, 소장품까지도 모두 정재만 교수에게 모아주고 있는 실정이다. 벽사춤 아카데미는 경기지역에 세워질 교육기관의 부지조성과 뜻있는 분들의 관심을 소원하고 있다.

또한 그는 한국 곳곳은 물론 전 세계 각지에 우리 문화 보급에 노력을 하고 있으며 문화대사로서 무용 발전의 리더로 역할을 다하고 있다.

- 수 상 -

동아무용콩쿠르 대상

중요무형문화재 평가회의 최우수상(학무)

제2회 대한민국무용제 안무상

제6회 대한민국무용제 대상

제45회 디종국제민속예술제 금상, 1991.

내무부장관상(봉사상), 1997.12.

행정자치부장관 감사장, 1998.

대한민국문화예술상, 2000. 10.

문화재텅 표창장, 2001. 12.27

■참고문헌

한성준 : "고수 50년", 조광, 조선일보사 출판부 (1937. 4월)

장홍삼 : "멋쟁이 선생님 한성준" 무용 제 2집 한국문화 예술 진흥원 (1975)

김천흥 : "한성준 옹을 생각 함", 춤 (1977)

손선숙 : "한성준 작품세계가 한국신무용에 미친영향"에 관한 연구,조선대 석사 논문(1985)

강이문 : "한국신무용고" 무용 제3집 한국문화예술진흥원 (1976)

김인희 : "조택원의 예술세계에 관한 연구", 이화여대 석사논문 (1987)

이명신 : "조택원의 예술과 사상 연구", 경희대 석사논문 p.37

한국 문화 예술 진흥원 편 "문예 영감"(476)

조원경 : 무용예술, 해문사, 1967.

정로식 : 조선창극사, 조선일보사출판부, 1940.

유인희 : 한국신무용사, 이대대학원 졸업논문, 1985.

강이문 : 한국신무용사 연구-한국신무용의 역사적 배경과 그 방향, 한성여자초급대학,
　　1968.

김경애, 김채현, 이종호: 우리무용 100년, 현암사, 2001.

조택원: 가사호접, 서문당, 1973.

정병호: 춤추는 최승희, 뿌리깊은 나무, 1995.
　　한국춤, 열화당, 1985.

강이향: 최승희: 생명의 춤, 사랑의 춤, 지양사, 1990.

안제승: 한국무용사2, 대한민국예술원, 1985.

박명숙: 최승희 예술이 한국 현대무용에 끼친 영향, 한양대학교 대학원 박사 학위 논문,
　　1993.

이병옥: 우리춤의 선구자를 말한다-조택원 편, 한국미래춤학회 세미나, 1994.

이세기: 명무 강선영 편저-여유와 금도의 춤, 푸른사상, 2003.

최승희: 外. 한국 근대춤 인물사 (1) 현대미학사, 1999.

정병호: 세계를 휘어잡은 조선여자-춤추는 최승희, 현대미학사, 2004.

강이향: 김채현, 생명에 춤, 사랑에 춤, 지양사 1989.

정재만: 우리춤의 어머니, 한영숙선생, 교육월보, 1992.

----, 한국춤에 있어서의 정중동의 미적고찰, 월간문화재 동 126권 제13호, 1983.

이애주: 춤사위, 어휘고, 관악어문연구 제1편, 1집 1975.

----, 춤이란 무엇인가? 서울사대논총 제 39권, 1989.

----, 고구려춤 민속학적 연구, 고구려 연구집 3집, 1997.

김매자: 한국무용의 방향정립을 위한 이론적 고찰, 1973.

김현자: 생춤의 세계, 문학사, 1992.

----, 춤의 정(靜), 동(動)과 호흡에 관한 연구.

이 영 란 (李 英 蘭)

숙명여자대학교 및 대학원 무용전공 졸업.
이화여자대학교 박사연구과정 무용전공 수료.
American University 대학원 (공연예술과, 무용전공 졸)
부산대학교 예술대학 무용과 조교역임.
주 와싱톤 한국대사관 문화원 강사.
숙명여자 대학교 무용과 강사

〈대 표 작〉

삶, 비애, 비파사나, 사랑굿1, 11, 쟈끄린느의 눈물, 촛불길, 호세아예언서(Prophet Hosea)
'Stone has been rolled away!'

〈저서 및 번역서〉

춤과 삶의 현상과 이론적 접근
역사의 흐름을 통한 한국무용사
동작경험을 통한 기초교육교수법(번역)
무용의 국가적 기준(번역)

인물로 본
한국무용사

초판 인쇄 2024년 2월 15일
초판 발행 2024년 2월 20일

지은이   이영란
펴낸이   김태헌
펴낸곳   토담출판사
주소   경기도 고양시 일산서구 대산로 53
출판등록 2021년 9월 23일 제2021-000179호
전화   031-911-3416
팩스   031-911-3417